I0456166

SECRETOS

de

ESTADO

Juan Carlos Zambrana M.

Copyright ©2010 Juan Carlos Zambrana
www.JuanCarlosZambrana.com
All rights reserved.

Editors: Manuel Alemán and Priscilla Colón
Designer: Ricardo Potes Correa

No part of this book may be reproduced or utilized
in any form or by any means, electronic or mechanical,
including photocopying, recording, or
by any information storage and retrieval system
without permission in writing from the publisher.

Library of Congress Catalog Number: [TK]
ISBN: 9781453696057

*A los pueblos oprimidos del mundo,
que luchan en democracia
por construir una sociedad más justa*

Agradecimientos

Un agradecimiento especial...

al Dr. Manuel Alemán y a Priscilla Colón, de CBH Books, y a mis amigos Oscar Ordenes, Luis Rumbaut por el excelente trabajo de edición y traducción, además a Carlos Arrien por su ayuda con los últimos detalles del diseño.

a Ricardo Potes Correa por su excelente trabajo de diseño, por su paciencia y por ser receptivo a mis gustos y cambios a veces tardíos.

a mi hermano Jaime (Paco) Zambrana, por su cariño, su confianza y su apoyo desinteresado.

a mi esposa Elena Zambrana (La Fiera), por su apoyo y por haber dejado de ser un ventarrón para ser feliz en la paz y la intimidad que me permiten escribir.

Sin el aporte de todos ellos, esta obra no hubiese sido posible.

Índice

Prólogo

Esta es una historia muy valiosa para quien quiera entender mejor lo incomprensible del antiimperialismo. No fue fácil, sin embargo, encontrar la forma de hacerlo ya que, al escarbar en la historia, se encontró información de fuentes diversas. Fue como buscar piezas sueltas de un rompecabezas. Las primeras fueron las de la historia conocida escrita en forma diferente en cada país que, al cruzarlas, producían una nueva imagen. Después apareció información que originalmente fue secreta, pero luego desclasificada y revelada por diferentes autores, principalmente en Estados Unidos, información de prensa obtenida del Internet y la parte extraoficial de la historia que permanece viva en la mente de los pueblos. Tampoco sería clara la imagen de la realidad si no se tomara en cuenta lo sucedido en el pasado reciente, que continúa aún siendo secreto.

Esta obra, por lo tanto, tuvo que ser escrita en forma literaria. Es una novela en la cual cuatro personajes ficticios desempolvan los hechos reales de la historia. Los analizan, atan los cabos sueltos y los ponen en la perspectiva correcta. Los dos investigadores representan el deseo boliviano de restaurar su tan desprestigiada imagen en territorio norteamericano. Los dos agentes de la CIA representan las dos partes del pueblo norteamericano: la que hace esfuerzos conscientes para impedir la restauración de la verdad y aquella interesada en restaurarla porque sabe, que al hacerlo, restauraría también una parte importante de sí misma. El rompecabezas se completa rellenando los vacíos del pasado reciente, utilizando los patrones de conducta ya establecidos anteriormente y los cambios de objetivos en la actividad de la CIA durante los gobiernos demócratas y republicanos.

Secretos de Estado, por lo tanto, es una obra en la cual la ficción es necesaria para entender la realidad. ¡Que sea, pues, el lector quien tenga la libertad de discernir entre la realidad y la posible fantasía!

Capítulo I

Espionaje y contraespionaje

Quizá Emily West nunca sabrá con exactitud cuándo fue que comenzaron sus problemas con las agencias de seguridad del estado. Ella presume, sin embargo, que quizá empezaron a investigarla durante el mes de febrero del año 2003. En Bolivia, su país natal, se había producido una insurrección popular contra el presidente Gonzalo Sánchez de Lozada, de clara tendencia pro estadounidense. El pueblo, apoyado esta vez por la policía, protestaba contra el Presidente, pero el ejército, al reprimirlos, había desatado una confrontación callejera que había generado ya cientos de heridos y más de treinta muertos entre hombres, mujeres y niños. El problema de fondo era el rechazo a las políticas neoliberales de Washington que habían sido impuestas a la fuerza en Bolivia. Una vez más, por lo tanto, el pueblo culpaba de sus crónicos males al Imperio Yanqui, su eterno enemigo.

En Estados Unidos, entre tanto, la prensa difundía

solo la parte superficial de la noticia: imágenes del lugar del enfrentamiento frente a la Plaza Murillo, el Palacio de Gobierno en una esquina y en diagonal, el edificio del Congreso. La calzada se había convertido en la línea de fuego porque los dos bandos enfrentados defendían sus posiciones a ambos lados de la calle: los policías y el pueblo parapetados del lado del edificio del Congreso y el ejército, en la acera del Palacio de Gobierno. Desde la azotea del Palacio se veía claramente a un grupo de francotiradores disparando contra la acera opuesta, un policía que caía mortalmente herido en las gradas del Congreso y dos estudiantes que eran arrastrados ya como cadáveres.

"¿Qué mierda es lo que le pasa a esta gente?", era el comentario generalizado porque para el pueblo norteamericano era imposible entender con claridad lo que estaba sucediendo en Bolivia. Nadie sabía que años antes, el presidente Sánchez de Lozada había entregado la industria petrolífera a las transnacionales extranjeras, las cuales empezaron a llevarse el 82% de los ingresos por las exportaciones; que eso había desvalijado las arcas del tesoro nacional y que el Banco Mundial había ordenado resolver el déficit sin afectar a las transnacionales, por supuesto; que el Presidente decidió entonces subirle los impuestos a todo el pueblo, en un país donde gran parte de la población ganaba apenas $100 al mes.

Fue en esas circunstancias que desde las cercanías de Washington, D.C. donde vivía, Emily empezó a comentar por vía telefónica, con su amigo Diego Estrada, sobre el parcializado enfoque de las noticias que difundían las grandes cadenas televisivas. La inestabilidad social y política boliviana era explicada dando la impresión de que el único problema allí era la pobre calidad humana de su gente. Bolivia estaba definida, ante el pueblo norteamericano, como un país que no sabía respetar la democracia y cuya gente atentaba constantemente contra las inversiones extranjeras; un país de gente ignorante y corrupta en grado superlativo, cuya actitud justificaba plenamente su retraso y su pobreza; el país de los indios irracionales y narcotraficantes; de los hombres y mujeres eternamente resentidos, enemigos sin razón de la libertad, la democracia y el progreso que Washington promovía tan generosamente alrededor del mundo.

—Sí, hombre, esa gente es una mierda —había escrito "Patriot-4ever", un conservador recalcitrante, en el *chat room* progresista en que Diego frecuentemente participaba. "Mito o realidad del imperialismo norteamericano" era el tema discutido.

A criterio de algunos expertos, Bolivia se estaba convirtiendo en un novedoso campo de batalla entre la dignidad y el imperialismo. Para los conservadores, por el contrario, era simple anarquía producto de la ignorancia del pueblo boliviano. Quizá por inocencia o por exceso de confianza, Diego nunca sintió la necesidad de esconder su identidad detrás de un nombre ficticio. "DiegoEstrada" era su nombre de usuario y así trataba de restaurar, de algún modo, la verdad.

—Es la prensa la que los mantiene a ustedes embaucados —le había contestado.

—¿Estás cuestionando a la prensa más libre del mundo?

—Por favor… Todos sabemos que esto no es periodismo, sino una enorme fábrica de opinión pública, diseñada por profesionales para mantenerlos a ustedes en estado de hipnosis colectiva.

—¿De qué?

—En un estado de negación a la verdad.

—¿De qué estás hablando? Nosotros no hemos hecho más que gastar millones en darle de comer a esa gente y ellos no hacen más que mordernos la mano.

—Esos millones fueron para las dictaduras de derecha, como pago para que exterminaran a la izquierda. Son ustedes quienes han robado, asesinado, corrompido y producido cocaína en Bolivia.

—Nosotros quiénes, ¿¡los americanos!?

—No precisamente el pueblo, pero sí el gobierno, específicamente el Pentágono, el Departamento de Estado, la CIA y la DEA —escribió Diego, sin calcular el riesgo que estaba corriendo al expresarse de ese modo en el Internet.

Hubo un tenso y largo silencio en las líneas hasta que otro de los participantes decidió "romper el hielo" e interceder en forma amigable. "LoveFreedom", era su nombre ficticio.

Después de siete meses discutiendo con ellos en el Internet, Diego sentía que los conocía perfectamente, por lo menos a nivel ideológico. LoveFreedom era, sin duda alguna, militar o de familia de militares. Era ese tipo de persona que cree las propagandas televisivas de los militares buscando reclutas; que todo el mundo está en contra de Estados Unidos y que su única misión en esta vida es la de defender a su país con las armas "porque la libertad de la que gozamos no es gratis". Sin embargo, LoveFreedom parecía ser un conservador moderado en comparación con Patriot4ever; sus comentarios parecían más conciliadores.

—No te culpo por tratar de defender tu país. Ese es un sentimiento patriótico que todos tenemos, pero me imagino que debes tener pruebas para hacer semejantes acusaciones.

—Esto es de dominio público en Bolivia; es aquí en Estados Unidos donde no se sabe.

—Quizá deberías escribir un libro en inglés.

—Lo estoy escribiendo —fue la respuesta de Diego, y de esa forma tan espontánea y casual fue que él empezó a meterse en problemas.

En efecto, hacía ya varios años que estaba trabajando en su libro, pero nunca había tenido el valor de escarbar en los archivos de las agencias norteamericanas de seguridad para corroborar, desde adentro, sus denuncias. Empezó a investigar en las bibliotecas especializadas. Mediante intermediarios solicitó información desclasificada que, sin embargo, no era pública. Compró varios libros de investigadores que habían obtenido ya algo de esa información y, por supuesto, escarbó en el Internet. Nueve meses después sorprendió a su amiga Emily, enviándole un correo electrónico que la dejó en estado de *shock*.

"¡Dios mío!", exclamó ella al ver lo que había recibido, y se sintió la mujer más indefensa sobre la faz de la Tierra. "Sería irónico que ya nos estuviesen espiando", pensó; porque ellos eran gente honesta cuya única culpabilidad podría haber sido la de no haberse detenido a pensar sobre los extremos a los que había llegado el espionaje interno en Estados Unidos. Dos años después de los atentados del 11 de septiembre, la guerra contra el terrorismo lo justificaba absolutamente todo; desde la invasión de

Irak, hasta el agresivo programa de espionaje interno. En esas condiciones de paranoia, mucha gente pasó a ser considerada peligrosa, porque siendo espiadas todas sus conversaciones, una palabra mal dicha bastaba para hacerla caer en los nuevos cánones de peligrosidad.

Emily recién se había dado cuenta del grave error que habían cometido y, por eso, seguía totalmente perturbada frente a la pantalla de su computadora. Nunca supo cuánto tiempo estuvo sentada allí negándose a aceptar su realidad. Finalmente hizo un esfuerzo consciente para tranquilizarse y empezó a respirar profundo. Se tomó su tiempo para leer detenidamente por lo menos los nombres de los archivos adjuntos.

"Los secretos del Departamento de Estado" se titulaba el primero, de 30 páginas.

"Los trapos sucios de la CIA" era el título del segundo, de 78 páginas.

"Los crímenes de la DEA" de 52 páginas.

En su correo, Diego incluía una simple nota: "Aquí están nuestros *Secretos de Estado*", decía. Ese era el nombre que le había puesto a su libro.

"OK, tengo que borrar esto y no dejar rastros", pensó. Después recordó que quizá Diego necesitara esa información. Lo llamó de inmediato a su teléfono celular pero, extrañamente, él no contestó. Estaba en un dilema y el miedo la estaba devorando. Cerró los ojos y apretó la tecla para eliminarlos.

"Estamos jodidos", pensaba mientras la computadora se deshacía de la información. Sus temores eran muy bien fundados porque habían tardado demasiado en entender que en la situación de paranoia en que vivía el país, cualquiera podía ser considerado peligroso. Ellos llevaban ya ocho meses exponiéndose irresponsablemente en el Internet.

Estaba tan abstraída en sus pensamientos que saltó de su silla cuando sonó el timbre del teléfono. Tuvo hasta miedo de contestar, pero finalmente se animó a mirar por lo menos la pantalla del identificador de llamadas. Era Diego Estrada, el viejo amigo que la había metido en aquel problema.

—¿Estás loco, o qué te pasa?

—Está pasando de nuevo, Emily. Nosotros tenemos toda la razón —dijo Diego, más alterado que nunca. Se refería a la versión oficialista de los últimos acontecimientos en La Paz—. Mira, esta es la versión que tiene la CIA —le dijo y le envió un enlace para acceder a un video.

—Pero… ¿cómo consigues esto? —preguntó ella, esforzándose para disimular su miedo.

—No es secreto, Emily. Este es el reportaje oficial del gobierno de Bolivia tomado de la televisión boliviana. Estoy totalmente seguro de que eso es lo que los agentes de la CIA en Bolivia han enviado a su Central de Langley.

Cuando Emily finalmente abrió el video, pudo entender lo que se estaba reportando desde Bolivia cuando transcurría el mes de octubre del año 2003: Con un fondo de vehículos en llamas y fogatas en el centro de la calle, se observaba una confrontación masiva entre los indígenas y las fuerzas de seguridad del gobierno, compuestas por policías que disparaban gases lacrimógenos y balas de goma. Algunos indígenas se retorcían de dolor, pero se reponían y contraatacaban, lanzando piedras. Otros recogían las bombas de humo a medio descargar y se las devolvían a los policías. Luego juntaban sus cuerpos, sus gritos y sus piedras para lanzarse como una ola humana contra los policías. Los obligaban a retroceder y luego celebraban la victoria con una especie de danza autóctona.

Se acercaban los portadores de carteles de protesta y los ponían en primer plano ante las cámaras. En unos, pedían la renuncia del presidente Gonzalo Sánchez de Lozada, pero en otros, aludían a Estados Unidos, como al más abusivo de los imperios y a George W. Bush, como al más criminal de sus presidentes. En el centro de toda esa violencia aparecía la bandera norteamericana siendo pisoteada, rasgada en jirones y finalmente quemada.

Había hombres encolerizados apuntando sus palos tajados en punta hacia las cámaras, blandiendo sus puños y gritando insultos contra el Imperio Yanqui. Sus rostros parecían estar deformados por la rabia. Sus bocas eran ya desdentadas, aunque algunas tenían aún vestigios de una dentadura verdosa, destruida por la masticación de la hoja de coca, a juzgar por las protuberancias que tenían en las mejillas.

Sobre esas imágenes, la voz de un reportero describía la situación en el país:

A estas horas, la ciudad de La Paz se encuentra totalmente sitiada. Nadie sale ni entra a la sede del gobierno porque, a pesar de los enfrentamientos, las fuerzas del orden no han logrado romper el bloqueo de las organizaciones sociales, que exigen la nacionalización de los hidrocarburos y la renuncia del presidente Gonzalo Sánchez de Lozada.

Partiendo del lugar de la confrontación, en plena carretera al aeropuerto, la cámara hizo un paneo ascendente para lograr un acercamiento a la ciudad de El Alto. Luego mostraron imágenes de la planta de bombeo y distribución de carburantes, totalmente desguarnecida. Sobre esas imágenes se escuchó la voz del reportero explicando la vulnerabilidad de las instalaciones allí ubicadas, considerando que los manifestantes habían amenazado con tomarlas si el gobierno no atendía sus demandas. Luego se transcribía una declaración del dirigente socialista Evo Morales:

"El pueblo está cansado de ser saqueado y ahora se ha puesto de pie para oponerse rotundamente a la venta del gas a México y Estados Unidos, así como para exigir la inmediata nacionalización de los hidrocarburos".

De inmediato, las imágenes mostraron la opinión de un promotor del proyecto y, considerado además, un "experto" en el tema.

—¿De qué se trata el saqueo que denuncian? —le preguntó el reportero.

—Aquí no hay saqueo de ninguna clase. Tenemos que recordar que Bolivia es un país pobre que no tiene el capital que se necesita para explotar sus recursos. Lo que aquí existe es una enorme inversión extranjera que generará mucho dinero para el país. El problema es que detrás de esta protesta hay una manipulación política. Hay una mano negra en todo esto.

—¿Podría decir a quién se refiere?

—Todos sabemos que esto es obra de Fidel Castro y de Hugo Chávez. Es una conspiración internacional contra un gobierno democrático.

—OK. Tengo que colgar —dijo Emily, con sensación de urgencia.

—Espera, tenemos que hablar —insistió Diego.

—Estoy atrasada en un trabajo y me está llamando mi jefe. Me voy a tener que quedar hasta tarde. Te llamo cuando esté sola.

Al despedirse de Emily, Diego ingresó de inmediato al *chat-room* a ver cómo se estaban discutiendo las noticias de Bolivia.

—Son una punta de comunistas, eso es todo. A nosotros nos odian por ser capitalistas, por nuestra libertad, por nuestra democracia y nuestra riqueza. Lo más peligroso de todo esto es que esos indios están vinculados con el narcoterrorismo y representan ya un peligro para la estabilidad regional —dijo el famoso miembro conservador, defensor del *status quo.*

—Entonces es ya un estado fallido... ¿qué es lo que estamos esperando? —añadió otro, siguiendo esa línea de pensamiento.

—¿Ustedes no creen que pueda ser cierta la denuncia del pueblo?

—¿Cierto en qué?... ¿En que somos imperialistas?... Por favor. Esos indios de mierda son una punta de ignorantes que están siendo manipulados desde Cuba y Venezuela. Nosotros no podemos permitir que esos dos caribeños hijos de puta sigan extendiendo el comunismo en nuestras propias narices. Están atentando contra la democracia, la estabilidad de la región y contra nuestros intereses.

—Sí, en mi opinión, ese es ya un Estado fallido y por lo tanto se justifica la intervención para evitar que se propague el caos por la región —opinó otro.

—¿Estás opinando desde el Pentágono? —le escribió Diego, tratando de exponer el probable origen de un pensamiento tan agresivo.

Desde su departamento en Arlington, Diego Estrada hacía esfuerzos para conseguir más pruebas que pudiera utilizar en la defensa de su pueblo. Se salió del *chat room* y empezó a buscar entre las páginas de las organizaciones progresistas que conocía. Dos horas después, encontró otro reporte que parecía ser la otra cara de la moneda. Las imágenes mostraban claramente que desde atrás de los policías que habían sido derrotados por las piedras de los indígenas, aparecían sorpresivamente las fuerzas militares para apoyarlos con armas letales. Disparaban, primero apuntando al cielo, pero la multitud no se amedrentaba y les respondía con más pedradas. Los militares apuntaban sus armas esta vez a medio cuerpo y se iniciaba la balacera. Los indígenas empezaban a caer impactados por las balas.

Miró su reloj y se dio cuenta de que eran ya las 7 de la noche; sin duda alguna, Emily estaba ya sin la vigilancia de su jefe. Levantó el teléfono en su escritorio y la llamó de inmediato.

—Te he mandado un enlace. Por favor, entra de inmediato —le dijo y minutos después, ambos estaban horrorizados ante las imágenes.

—¡Mira esa barbaridad! —dijo sin poder disimular su contrariedad.

—Pero, ¿por qué la prensa de aquí no muestra esto?

—Son empresas privadas, Emily, enormes conglomerados de capital y, como tú sabes, el dinero solo sabe defenderse a sí mismo. En este caso, la prensa está siguiendo los lineamientos de la Casa Blanca.

—¿Cómo es eso?

—Explotan a más no poder el discurso oficial del presidente Bush, de que "nuestros enemigos nos odian por nuestra riqueza, libertad y democracia" —Diego se incluía entre el pueblo americano porque, siendo residente, amaba este país como su segunda patria. Para él, este conflicto no era entre Bolivia y Estados Unidos, sino entre la derecha y la izquierda en ambos países, con la norteamericana apoyando siempre a la boliviana.

—¡Imagínate! En otras palabras, ¿dicen que nos odian porque somos lindos?

—¡Por favor! Esos pobres indios en Bolivia no odian a Estados Unidos por ser lindo ni rico; odian a sus gobiernos republicanos por lo que han hecho allá desde siempre.

En ese momento, las imágenes que ambos estaban viendo mostraron el cuerpo inerte de un indígena malherido que era arrastrado fuera del alcance de las balas, el de un muchacho tirado en el piso con la cabeza destrozada y el de un tercero que era transportado en una carretilla.

—Es una masacre, carajo, y todo por el maldito gas.

—Hasta cierto punto se entiende el odio de esa gente.

—Te juro que me dan ganas de agarrar un arma y unirme a ellos.

Centro de monitoreo electrónico de la Agencia de Seguridad Nacional

La voz de Diego era escuchada y grabada en uno de los centros de espionaje interno de la Agencia de Seguridad Nacional. Varios agentes se acercaban a la pantalla que estaba graficando el sonido de su voz. Lo hicieron en el momento en que oyeron una de las frases más comprometedoras del joven investigador boliviano.

—Ese cabrón que está de presidente en Bolivia es en realidad ciudadano estadounidense y está rodeado de agentes de la CIA que lo protegen y le hacen el trabajo sucio.

—¿Así, tan descaradamente? —preguntó Emily, cuya voz también era grabada.

—Están disfrazados de asesores, pero en realidad son una punta se asesinos.

—Diego, ¿por qué me mandaste esos archivos?

—Por seguridad, para que alguien más tenga copias electrónicas. Esas son copias escaneadas. Yo tengo los originales.

—¡Gracias a Dios!, Diego, porque yo los borré todos. Casi me muero de miedo... discúlpame, por favor.

—No te preocupes, ahora tengo que volver al *chat room* del *blog*, pero antes de dormirme te los mando de nuevo.

—¿Te puedo preguntar de dónde sacaste todo eso? —Diego no quiso responderle, quizá para darle la oportunidad de que fuese ella misma quien dedujera la obvia respuesta a su pregunta—. No me digas que esa información es de adentro de alguna agencia.

—Humm. Jumm —fue lo único que se escuchó decir a Diego, como señal de respuesta afirmativa.

Hubo un corto silencio durante el cual las computadoras solo registraron el largo suspiro con el cual Emily trató de oxigenar su cerebro, luego, el carraspeo con el cual intentó habilitar su garganta para hablar.

—Hey, ¿estás ahí? —se escuchó preguntar a Diego.

—Tengo miedo —respondió ella.

En ese momento uno de los agentes se levantó de su silla, caminó unos pasos hasta un escritorio, levantó el teléfono y apretó uno de los botones con números grabados en la memoria.

En el departamento de Diego, él se despedía finalmente de Emily.

—¿Hasta qué hora te vas a quedar en la oficina?

—No sé, quizá hasta las ocho o las nueve. Estoy atrasadísima.

—OK, yo te llamo más o menos en una hora para mantenerte al tanto.

—Está bien, nos vemos —contestó Emily y cortó la llamada.

Diego fue a la cocina, se sirvió cereal con leche en un tazón y regresó de inmediato a su computadora. Estaba ávido por contrarrestar, de alguna manera, la poderosa maquinaria de fabricación de opinión pública que tenía la derecha norteamericana a su servicio. La discusión era ahora sobre la persona del presidente Sánchez de Lozada y su relación con Estados Unidos.

—¿Es verdad que es americano?

—Sí, es ciudadano americano, pero aunque aquí haya entregado su pasaporte y jurado lealtad a nuestra bandera, su nacionalidad boliviana es irrenunciable.

—Es un tipazo. Se crió aquí desde pequeño y es verdad que ama a nuestro país, pero eso no es ningún delito. Lo único que nosotros tenemos que recordar es que es conservador, es anticomunista y coopera con nosotros. Tenemos la obligación de defenderlo. Es nuestro amigo —escribió Partiot4ever, el conservador recalcitrante.

—Es además tu vecino —escribió Diego, desconcertando a su oponente.

—¡¿Qué?!

—Vive ahí, en Lanlgey, al lado de tu Agencia.

—¿Estás sugiriendo que soy de la CIA?

—Te conozco desde hace siete meses y en todo este tiempo no has hecho más que defender a esa Agencia y mucho más allá de la razón. La defiendes con cualquier argumento estúpido o escapándote del tema para no tener que reconocer una verdad.

Diego se quedó allí por unos veinte minutos batallando contra varias opiniones conservadoras hasta que se cansó y se salió de línea. Levantó entonces el teléfono y volvió a llamar a Emily.

Estaba lloviendo aquella noche y no había gente en las calles. No hubo testigos, por lo tanto, de lo que estaba a punto de suceder en el departamento de Diego Estrada, en el segundo y último piso del edificio de cuatro departamentos. No hubo testigos casuales, mejor dicho, porque profesionales involucrados en el caso, sí los hubo.

El estacionamiento estaba ubicado en la parte posterior del edificio, de cara al callejón de servicio. Había allí estacionados cuatro autos compactos y una vagoneta verde con vidrios oscuros. Al otro lado del callejón había un estacionamiento aún más grande, perteneciente a otro edificio de departamentos con entrada por la calle contigua. Entre los vehículos allí estacionados había un sedán oscuro con el motor apagado, desde el cual alguien observaba cada detalle de lo que sucedía al otro lado del callejón. El individuo tenía puesto un moderno equipo de visión nocturna.

El humo que salía por el caño de escape de la vagoneta delataba la presencia allí de alguien. Poco después salieron dos hombres, escondiendo sus armas en sus impermeables y se dirigieron, por las escaleras de servicio, hasta la puerta trasera del departamento de Diego en el segundo piso. Tardaron solo 15 segundos en abrir la puerta y a partir de allí fue muy poco lo que el agente del sedán pudo espiar.

Las luces del departamento estaban encendidas y a través de las persianas se vieron pasar las siluetas de los dos hombres forcejeando con Diego. Uno de ellos se acercó a una de las ventanas para cerrar la persiana, pero antes de que pudiera cerrar la otra se vio a alguien disparando un arma corta con silenciador.

Desde el interior del Sedán, el hombre se quitó el equipo de visión nocturna e hizo una llamada telefónica que fue recibida por Patrick Conrad, mientras conducía de regreso a su casa.

—Tenemos problemas.

—¿Qué pasó?

—Parece que le dispararon.

—¡Hijos de puta! OK, sal de ahí de inmediato.

—¿Eso es todo? —preguntó el agente, mientras sacaba

su carro por el frente del edificio para evitar tener que usar el callejón.

—Sí, por lo menos para ti... ya no podemos involucrarnos más en este asunto. Vete a casa y hazle el amor a tu mujer.

—Gracias, señor. Tenga usted buenas noches —dijo el joven agente y colgó el teléfono.

McLean, Virginia, 20:45 horas

Brandon Davis se disponía a cenar frente al televisor cuando empezó a timbrar su teléfono celular. Pensó dejar que la llamada pasara a su buzón de mensajes, pero al mirar la pantalla entendió que era importante. Se trataba de Patrick Conrad, su ex jefe de la CIA. Empujó el plato y contestó la llamada.

—¿Estás listo para volver? —preguntó Patrick entusiasmado.

Brandon, por el contrario, se tomó su tiempo en contestar. Si aceptara volver durante la misma administración que lo había despedido, sería solo en calidad de contratista, trabajando exclusivamente para Patrick. Brandon sabía que no era fácil trabajar así, porque a los contratistas les daban los casos en los que la Agencia no podía involucrarse oficialmente, por lo general los más difíciles y los más peligrosos.

—No sé, Patrick —contestó Brandon con pesar.

En otras circunstancias hubiese estado muy feliz ante la oportunidad de volver a trabajar bajo las órdenes de Patrick. Lo admiraba porque sabía que tenía integridad y porque su concepto del espionaje se había mantenido limpio en un universo cada vez más permisivo a la criminalidad.

La seguridad nacional era su único objetivo y su trabajo se limitaba a la investigación de las posibles amenazas contra el país. Patrick Conrad era, en realidad, uno de los pocos integrantes de esa corriente de pensamiento que había sobrevivido a los despidos que los republicanos de la Casa Blanca habían ordenado hacer en la Agencia para poder imponer su agenda y expandir la lista de objetivos hasta la eliminación física de la izquierda internacional bajo cualquier pretexto. Patrick Conrad había logrado sobrevivir solo por su discreción, ya que durante todos sus años de servicio jamás dejó en evidencia que era simpatizante del Partido Demócrata.

Brandon Davis, por el contrario, no había tenido la misma suerte. A sus 38 años de edad había sido dado de baja como parte de la reestructuración de la Agencia. Había sido "quemado" como dirían en el lenguaje de la Agencia y, al no poder trabajar en nada relacionado a su profesión, tuvo que ganarse la vida trabajando en los depósitos de un supermercado, un trabajo físico, monótono y con horario fijo, pero sin riesgo alguno, al cual se estaba acostumbrando.

Había pasado meses soñando con la idea de volver a la Agencia, pero recién al escuchar la propuesta en forma concreta, se dio cuenta de que no estaba del todo convencido de aceptar. No sería fácil reincorporarse en calidad de contratista.

—Para serte honesto, pues ya no sé si vale la pena —contestó Brandon.

—Es tu carrera la que estamos defendiendo y la de muchos otros. Te aseguro que esto no ha terminado. Perdimos una batalla, eso es todo, pero la guerra continúa. Te necesitamos, Brandon; tú eres el hombre ideal para este caso.

—¿Qué me hace tan especial?

—La ubicación de tu residencia, tu español perfecto y tu cariño por Latinoamérica.

Brandon se puso de pie por la emoción. Su madre era colombiana, país en el que él había vivido desde los cuatro años de edad, después del divorcio de sus padres en Nueva York, su ciudad natal. Había cursado su educación primaria e intermedia en Colombia y aunque había regresado a Estados Unidos a los 15 años, mantenía en su corazón un cariño especial por su cultura materna.

—Por otro lado, vas a hacer contrainteligencia a una operación de nuestro amigo Frank Nichols —agregó Patrick con tono sarcástico.

Frank Nichols había sido compañero de Brandon y subalterno de Patrick, pero gracias a la reestructuración republicana de la Agencia, era ahora el jefe de Patrick y había sido, además, quien despidió a Brandon. Sin duda alguna, Brandon encontró varias motivaciones para aceptar el trabajo.

—OK. Como siempre, tú sabes cómo poner las cosas en la perspectiva correcta. Solo me falta hacerte una pregunta: ¿Cuándo empiezo?

—Ahora mismo. Acaban de tomar un objetivo importante y hay otras personas en peligro.

Brandon se puso un auricular inalámbrico en el oído y el teléfono en el cinturón para continuar escuchando sus instrucciones mientras se preparaba para salir. Abrió una caja fuerte de aproximadamente un metro y medio de altura que tenía escondida en su clóset. Sacó algunas de sus armas, las puso en la cama y cuando se disponía a sacar los equipos electrónicos que necesitaba, escuchó el timbre de la puerta.

Escogió una de las pistolas, le puso una cacerina llena y se dirigió a la puerta. Miró por el ojo de buey, pero nada pudo ver en el pasillo.

—Soy yo… no te asustes. Te acabo de dejar la información —dijo Patrick.

Brandon abrió la puerta y encontró en el suelo un sobre grande y grueso.

—Sí, ya lo tengo —dijo al agarrarlo y volvió de inmediato a la privacidad de su departamento. Encontró un teléfono móvil de alta seguridad y un fajo de documentos. Sujeta con un clip a la primera hoja del expediente estaba la fotografía de una atractiva mujer hispana, la cual despertó de inmediato la curiosidad de Brandon. Sacó la fotografía para poder leer los datos personales incluidos en la ficha adicional.

—¿Emily West? —preguntó un poco sorprendido por el apellido anglosajón.

Washington, D.C., 21:13 horas

Emily estaba con la muerte metida en el alma aquella noche. Había estado hablando con Diego cuando él escuchó la puerta de la cocina y le dijo, sobresaltado, que alguien estaba entrando a su departamento. Emily se sentía alcanzada por la muerte porque ese atentado contra su amigo le había removido en la mente los recuerdos de un pasado que ella había luchado mucho para olvidar, un pasado en el que la muerte había hecho estragos a su alrededor. Había estudiado periodismo, o había intentado hacerlo mejor dicho, hasta que tuvo que escapar de Bolivia para salvar su vida. Durante los primeros años de sus estudios había tenido el idealismo de investigar más a fondo la muerte de un diputado nacional asesinado por los sicarios de los narcotraficantes. En su conciencia pesaba aún la posibilidad de que su investigación fuera la causa por la que la persona que le estaba dando la información hubiera sido añadida a la lista de víctimas que fueron silenciadas para mantener el caso encubierto.

Destapar nuevamente esos conflictos significaba, sin duda alguna, volver a poner en peligro tanto a su familia como a la familia de las víctimas originales. Estaba preocupada, además, porque la última conversación con Diego había terminado abruptamente. "Alguien está entrando a mi departamento", le había dicho y se había interrumpido la llamada. Había transcurrido ya poco más de una hora y Diego no había vuelto a llamarla ni contestaba sus llamadas. Emily levantó una vez más el teléfono sobre su escritorio y marcó el número de Diego. Nuevamente escuchó las tres timbradas y la voz de él disculpándose por no atender el teléfono.

Decidió, finalmente, salir de su oficina después de haberse excedido en el trabajo solo para ocupar su mente hasta agotarla. Salió del edificio y se dirigió al estacionamiento. Se montó en su carro y partió cada vez más abstraída en sus pensamientos. No le sería fácil volver a destapar los archivos secretos del pasado. El asesinato que había intentado investigar había sido el del diputado boliviano Edmundo Salazar Terceros, quien murió ametrallado en la puerta de su casa en el año 1986. La viuda del diputado clamó insistentemente por justicia, pero murió misteriosamente antes de que se lograra aclarar el caso. Los hijos de ambos quedaron entonces a cargo de una tía materna, quien, a su turno, fue también amenazada de muerte.

Después de diez años, Emily creyó que había pasado el peligro y cometió el error de escarbar nuevamente en el caso y eso bastó para llamar la atención de los sicarios. En esa oportunidad sufrió ella misma lo que antes había sufrido la familia de la víctima. Primero la amenazaron verbalmente, luego en forma física, hasta que en una oportunidad la secuestraron, le pusieron un revolver con silenciador en la frente y la dejaron psicológicamente marcada para siempre.

—Vete y olvídate del caso —le dijeron, y ella tuvo que aceptar el acuerdo para salvar su vida.

Hacía ya siete años que vivía en Estados Unidos. Había empezado una nueva vida y hecho esfuerzos conscientes para olvidarse del pasado. Incluso había cambiado de apellido, manteniendo el de su esposo americano después de haberse divorciado. De muchas formas, Emily había luchado por escaparse del pasado. Tenía ya 42 años, trabajaba para una organización no gubernamental en Washington, D.C. y la conocían por Emily West. Nadie sabía siquiera que era boliviana.

Durante los últimos años, su vida había transcurrido en ese extraño estado de negación que para ella era lo más parecido a la normalidad. Su aparente calma, sin embargo, se había desvanecido al reaparecer Diego en su vida, con su inquebrantable decisión de terminar lo que ambos habían dejado inconcluso. Había sido su compañero en la universidad y a él le había sucedido algo similar con la investigación del asesinato del líder socialista Marcelo Quiroga Santa Cruz. A él también lo habían obligado a salir del país. Había emigrado a Estados Unidos y, después de varios años, la había sorprendido al llamarla por teléfono y decirle que estaba a punto de resolver los dos casos; que aunque pareciera mentira, esos dos crímenes estaban conectados. Lo único que tendrían que hacer era intercambiar la información y el rompecabezas quedaría terminado. Ella se había negado en un principio, pero la convicción de Diego la hizo sentirse culpable por haber renunciado tan cobardemente a la batalla. Finalmente había aceptado y, sin imaginarse siquiera lo que estaba haciendo, se había involucrado en un problema demasiado grande para ella.

Cada vez más abstraída en sus recuerdos, Emily se aproximó a la salida de Washington, D.C. por el lado de Virginia. Tuvo que detenerse ante la luz roja de un semáforo y, por un momento, se sintió a merced de los traumas de su pasado. Para evitarlo, durante todo el día, su mente había estado ocupándose en las cosas del presente. En ese momento, sin embargo, nada había a su alrededor que requiriera su atención. Todo estaba inmóvil. Había dejado de llover y el asfalto mojado formaba un enorme espejo que reflejaba las luces rojas del semáforo. Estaba atrapada allí por algunos segundos, obligada a pensar. Su mente pasó a calcular el peligro en el que estaba, de acuerdo a la información que ella había aportado al manuscrito de Diego.

Después de que el diputado Edmundo Salazar Terceros fuera asesinado, su esposa empezó un largo y estéril peregrinaje en busca de justicia. En Bolivia, todos sabían quién había sido el autor intelectual, pero nadie se atrevía a desenmascararlo. Aparentemente era un simple narcotraficante, pero parecía tener poderosos intereses protegiéndolo y manteniéndolo en la impunidad.

Cuando las amenazas no funcionaron, la viuda fue

salvajemente atropellada desde atrás por un vehículo. Emily recordó los detalles de aquel trágico episodio, entre ellos, los rostros inocentes de los niños que quedaron huérfanos.

Emily estaba tan abstraída en sus recuerdos que manejó virtualmente dormida por largos minutos, cruzando incluso el puente del río Potomac. Despertó recién de su abstracción cuando Brandon Davis le golpeó el vidrio de la ventanilla. Estaba ya en Virginia, con su vehículo detenido en medio de la calle, ante un semáforo con luz verde.

—¿Señora, está bien?

—¡Dios mío... manejé dormida! —dijo al darse cuenta de lo mucho que había conducido en completo estado de abstracción. Empezó a sentir los principios de un ataque de ansiedad y Brandon utilizó esa oportunidad para establecer el contacto con mayor naturalidad.

—No puede manejar en estas condiciones... ¿por qué no se estaciona unos minutos y se relaja?

—Sí, tiene razón —dijo Emily. Puso el carro en movimiento y lo apegó a la derecha para estacionarlo apropiadamente. Brandon hizo lo mismo con el suyo y regresó de inmediato a hablar con ella, esta vez desde la ventanilla del lado del pasajero—. Gracias... es usted muy amable —dijo ella agradecida, creyendo que se trataba de un buen samaritano que le había salvado la vida al despertarla.

—Buenas noches, señora West —le dijo Brandon al ingresar al carro y sentarse en el asiento del pasajero—. No se asuste. Estoy aquí para ayudarla. Mi nombre es Brandon Davis —le dijo sonriente y le extendió la mano para presentarse formalmente.

—¡¿Me estaba siguiendo?!

—Sí, desde su oficina. Allí no pude acercármele por las cámaras de seguridad. Emily, necesito que me escuche con atención —dijo y luego le explicó que la Agencia de Seguridad Nacional había interceptado sus conversaciones telefónicas con Diego y que ahora la CIA estaba enterada de todo—. Tengo que ponerla a buen recaudo y no tenemos mucho tiempo, pero antes saque de este carro todo documento relacionado con Diego: correos que le haya enviado, cartas, etc. La espero en mi carro —dijo, entregándole una bolsa de plástico antes de salir del vehículo.

Emily estiró el brazo hacia el asiento de atrás y recogió, apresurada, un fajo de papeles. Sacó otros de la guantera e incluso del maletero. Cuando finalmente estuvieron en el vehículo de Brandon alejándose del lugar, él la tranquilizó y empezaron a hablar del caso.

—Necesito saber quién es Diego y de qué se trata su investigación —le dijo Brandon. Emily tuvo que respirar profundo antes de empezar a hablar.

—Fue mi compañero en la universidad, en la carrera de periodismo. Preparándonos ya para nuestras tesis, escogimos la investigación de dos asesinatos y ahí empezó todo.

—La escucho... cuénteme todo, desde el principio.

—Él escogió investigar sobre Marcelo Quiroga Santa Cruz, un famoso político boliviano, líder del partido socialista, quien entre otras cosas, nacionalizó una empresa petrolera norteamericana que se había apoderado del petróleo boliviano.

—¿Qué tiene que ver eso con las agencias de seguridad nacional, aquí en Estados Unidos?

—¡Oh! Bueno. Diego consiguió documentos de la CIA que confirman su participación, la de la DEA y la del Departamento de Estado en esos dos asesinatos.

—¿Vio usted esa información?

—No, pero me imagino de qué se trata.

—El problema ahora es que la Agencia tiene a Diego en su poder, con la intención de recuperar esa información e impedir su divulgación.

—Cuando usted dice "la Agencia", ¿se refiere a la CIA?

—Dime Brandon, por favor.

—Está bien, entonces nos tutearemos.

—La respuesta es sí. Me refiero a la CIA simplemente como a la Agencia porque yo trabajo para ellos.

—No entiendo. ¿Cómo es que tú nos quieres ayudar, pero trabajas para la Agencia que nos quiere silenciar?

—No represento oficialmente a la Agencia —contestó Brandon, pero después tuvo que dar una amplia explicación para que Emily pudiera entender. No era en realidad un agente activo de la CIA, sino más bien un ex agente que ahora estaba haciendo ese trabajo en calidad de "consultor" o agente contratista.

—¿Cuál es la diferencia?

—Si me capturan, mato a alguien o aparezco muerto, la Agencia no es responsable. No figuro en las planillas, por lo tanto, no existo como agente. Yo en realidad trabajo para una sola persona de la Agencia, la cual no puede involucrarse abiertamente en este caso.

—O sea que la CIA quiere silenciarnos a Diego y a mí, pero alguien de la misma Agencia te envió para protegernos.

—Exactamente.

—¿Qué razón tendría esa persona para ayudarnos? —preguntó Emily con escepticismo.

—No puedo hablar mucho, pero digamos simplemente que no todos en la Agencia compartimos la política del presidente Bush —dijo Brandon.

Emily recordó en ese momento que el Presidente había usado a la Agencia como chivo expiatorio por la errónea información de que Irak tenía armas químicas y de que estaba comprando uranio enriquecido para hacer una bomba nuclear; que quizá el Presidente había presionado a la CIA para que fabricara esa prueba contra Irak, pero que después de la invasión, cuando las armas no fueron encontradas, el Presidente se lavó las manos en el escándalo y acusó a la Agencia por la información errónea.

En efecto, Brandon Davis no había hablado mucho, pero sus palabras fueron suficientes para darle a entender a Emily la animosidad de algunos en la CIA contra el presidente Bush. Emily entendió de inmediato que ante el escándalo por tan errónea información, el funcionario de menor rango habría tenido que asumir las consecuencias para proteger al Presidente y la imagen del país. Recordó que George Tenet, el director de la CIA, tuvo que leer su carta de renuncia ante las cámaras. Al recordar la escena desde la nueva perspectiva, Emily le encontró un nuevo sentido a las lágrimas que derramó el director Tenet. Quizá no eran sus palabras las que estaba leyendo ni era cierto que renunciaba por problemas familiares. Quizá se vio obligado a asumir la culpabilidad del Presidente, manchando de ignominia a todo el personal de su Agencia. "Con razón lloraba", pensó

Emily al recordar que, a consecuencia de ese escándalo, la CIA había sido totalmente desmantelada, sus responsabilidades entregadas a otras agencias y su estructura orgánica modificada, dando la impresión de que la anterior institución era inservible.

—Fue injusto lo que le hicieron a Tenet, pero tienes que admitir que la Agencia tiene mala reputación. —dijo Emily, pensando en todos los crímenes que esa agencia había cometido en Latinoamérica durante las dictaduras de derecha.

—Las órdenes salen de la Casa Blanca y, por supuesto, eso cambia radicalmente entre las administraciones demócratas y las republicanas. No te olvides de que a Tenet lo nombraron durante la administración Clinton.

—Ahora entiendo. Había entonces incompatibilidades reprimidas entre Bush y Tenet.

—Por supuesto que había. Tenet estaba regenerando una Agencia totalmente desprestigiada.

—Me sorprende que tú reconozcas eso.

—¡Oh!, claro. Es que Tenet no estaba solo en su causa. Había en la Agencia una pequeña corriente de pensamiento que quería volver a la función original de la Agencia que es, en realidad, impedir que nos ataquen. Nada más.

—Yo creía que era asesinar a políticos de izquierda alrededor del mundo.

—OK, aquí empieza nuestra investigación —dijo Brandon al ingresar, por el callejón de servicio, al estacionamiento del departamento de Diego.

En su mente trataba de sintetizar toda la información que Emily le había dado. En Bolivia se estaba desatando una guerra por el gas que involucraba a Estados Unidos como país comprador. Los términos de la exportación del gas parecían haber exacerbado una guerra antigua entre la derecha y la izquierda, en la cual hubo muchísimas víctimas fatales.

—¿Entonces podemos decir que esta es una guerra antigua por el gas boliviano?

—También contra la izquierda.

—Claro, porque la derecha siempre favorece a las corporaciones —dijo Brandon al detener el carro.

—¿No estarán vigilando este lugar? —preguntó Emily, tratando de mirar alrededor antes de bajar del carro con vidrios oscuros en el que se sentía más protegida.

—No hay peligro. Te aseguro que en este momento están lo más lejos posible para no ser involucrados cuando la policía descubra lo sucedido —explicó Brandon. Luego sacó de una caja dos pares de guantes de látex y le dio uno a Emily para que se lo pusiera.

—Tengo una curiosidad —dijo Brandon antes de salir del carro.

—¿Sí?

—Allá en tu carro, cuando te desperté, parecías estar reviviendo una pesadilla. ¿Me podrías contar de qué se trataba?

—¡Oh!... del caso que investigué: mataron también a la viuda del diputado.

—¿A tiros?

—No, la atropellaron desde atrás con un vehículo.

—¿No existe la posibilidad de que haya sido un simple accidente?

—No, eso fue un trabajo de profesionales —dijo Emily, y después explicó que la señora en realidad fue atropellada por dos vehículos que se dieron a la fuga. Curiosamente, un motociclista parecía también haberla estado siguiendo porque, sin intervenir en el crimen, detuvo luego su motocicleta y se acercó para revisar a la víctima. La encontró aún con vida, la subió a un taxi y la llevó al hospital. Emily recordó vívidamente que la señora llegó ya muerta y el motociclista resultó ser un agente de la DEA.

Lo que sucedió en ese taxi durante el trayecto al hospital quedó para siempre en el misterio, como también la participación de ese agente. Algunos dicen que él simplemente la estaba siguiendo para protegerla de los narcotraficantes que querían silenciarla. Otros creen que él más bien la mató para terminar el trabajo de los sicarios que la habían atropellado.

—¿Entonces ustedes sostienen que tanto la CIA como la DEA estuvieron involucradas en esos crímenes?

—Eso y mucho más —contestó Emily, sorprendiéndolo. Brandon no supo qué decir, pero Emily aprovechó la oportunidad para hacer ella una pregunta—: ¿Puedo preguntarte algo, para satisfacer mi curiosidad?

—Por supuesto.

—¿Desde cuándo nos están espiando?

—No he leído todo el expediente, pero me parece que desde febrero, porque a principios de marzo le pasaron la información a la CIA, como parte interesada y estos, de inmediato, les abrieron un caso para investigarlos, hasta que hace una hora decidieron lanzar esta operación contra ustedes.

—¿Se puede saber qué nombre le pusieron a la operación?

—¿Por qué quieres saber eso?

—Ya te dije, por curiosidad. En Latinoamérica causa chiste la capacidad de sus publicistas para ponerle nombres heroicos a sus operaciones.

—Yo no sabía eso.

—¿No te has dado cuenta? Por lo general el nombre es lo contrario de lo que la operación en realidad representa. Es un nombre ideado por publicistas para convencer de la justicia a los soldados y agentes que la tienen que ejecutar.

—¿OK, estás lista?

—Dale.

—Operación *Red Shadow*.

—¿Sombra Roja?... —dijo Emily y se quedó pensando algún tiempo—. ¡Oh!... ¿la sombra del comunismo? —preguntó, y ambos coincidieron en lo "creativa" que era la idea para satanizar a los indígenas bolivianos. Emily sabía perfectamente que no había comunismo en Bolivia.

Capítulo II

La primera guerra por el petróleo

Brandon y Emily salieron del carro y se dirigieron a las escaleras de servicio para subir al departamento de Diego. Aunque las persianas estaban cerradas, se notaba que las luces interiores estaban encendidas. Al llegar a la puerta, Brandon giró la empuñadura y comprobó que no estaba cerrada con llave. Entraron cuidadosamente y lo primero que notaron fue que no estaba allí el cuerpo de Diego. Tampoco había manchas de sangre en el piso. Eso fue un alivio para Emily, pero Brandon desenfundó su pistola y terminó de recorrer el departamento para asegurarse de que nadie estuviese allí. Luego regresó a la sala y empezó a reconstruir lo que a su criterio había sucedido allí una hora antes:

—En relación a la ventana, lo empujaron de izquierda a derecha, lo que quiere decir que cayó en ese sofá —dijo y se ubicó de frente al sofá con su perfil derecho frente a la ventana—. El disparo se lo hicieron desde aquí y, considerando que no hay sangre en el sofá, pues solo quisieron intimidarlo. El disparo tiene que estar por aquí —comentó pasando su mano enguantada por la superficie superior derecha del sofá—. ¡Bingo! —dijo. Movió el mueble hacia delante y le mostró a Emily la perforación hecha por el proyectil en la pared exterior del edificio—. La buena noticia es que Diego está vivo —agregó.

—¿Lo arrestaron entonces?

—No, Emily, lo desaparecieron, que es muy diferente —dijo, refiriéndose a la libertad que tenía ahora el gobierno para hacer desaparecer a cualquiera sin tener que dar explicaciones a nadie, invocando simplemente la seguridad nacional como pretexto, lo que les daba derecho a mantener el arresto como otro de sus muchos secretos de Estado.

—Se llevaron la computadora —dijo Emily, apuntando al espacio vacío en el escritorio, donde solo quedaban algunos cables.

—OK, Emily, ¿dónde pudo haber escondido Diego la información?

—No tengo idea.

—Piensa... tú tienes la respuesta en tu mente.

—No sé ni qué es lo que estamos buscando.

—Documentos, Emily, los documentos clasificados o copias electrónicas del libro que estaba escribiendo. Pueden estar en algún disquete o archivo de memoria de USB.

Buscaron por algunos minutos, pero fue inútil. El departamento ya había sido barrido de toda información valiosa.

—OK, olvídate de esos documentos, Emily. Piensa en cualquier otra cosa que nos pueda servir. Acuérdate de él y sus costumbres... —insistió Brandon. Iba a decir algo más, pero en ese momento sintió en su pierna la vibración del teléfono celular de línea segura que había recibido en el sobre de Patrick. Contestó de inmediato.

—¿Qué pasa?

—Tienes compañía.

—No sabía que me pusiste protección.

—Ojalá pudiera... Diego empezó a hablar y estos cabrones están regresando en busca de una mochila negra pequeña.

—OK, ¿dónde está y cuánto tiempo tengo?

—En el clóset. Tienes uno o dos minutos y parece que esa es la última evidencia suelta. Si no la rescatas, estamos perdidos.

—OK —dijo Brandon, cortó la llamada, metió su teléfono en el bolsillo y se fue directo al clóset. Había allí una montaña de ropa, cajas, zapatos e indumentaria deportiva. Brandon empezó a escarbar sacando todo, pero no encontró la mochila. Pensó que durante la requisa original, los agentes pudieron haberla tirado al centro de la habitación al abrirse paso hacia los archivos ya ubicados. Buscó entre las cosas allí tiradas, pero nada encontró. Miró incluso debajo de la cama. Sacó de allí una maleta que solo contenía ropa de invierno en desuso. Estaba nervioso porque había perdido ya más de un minuto.

—Emily, ayúdame, por favor.

—¿Qué buscas?

—Una mochila negra, pequeña.

—¿Su mochila de *racquetball*? —preguntó ella intrigada.

—Sí —contestó Brandon, frustrado. No le importaba

el uso que Diego le diera a la mochila; lo que quería era encontrarla.

—En el clóset —dijo ella con seguridad, saliendo del dormitorio a la sala. Brandon la siguió, intrigado. A la entrada del apartamento había un pequeño clóset de visitas. Emily lo abrió y, de entre las cosas allí amontonadas, sacó una pequeña mochila con la empuñadura de una raqueta asomando por uno de los ángulos superiores. Brandon la abrió de inmediato, sacó la raqueta y miró el resto del contenido.

—OK, vámonos —dijo y agarró a Emily de la mano para asegurarse de que no se retrasara.

Salieron por las mismas escaleras por donde habían entrado y fueron directo al carro. Brandon estaba a punto de encender el motor, cuando un reflejo en su espejo retrovisor lo hizo detenerse. Un vehículo estaba ingresando por el callejón. Casi por instinto, Brandon le agarró la cabeza a Emily y se la dobló hacia abajo para esconderla.

—No te muevas ni digas una palabra —dijo y él también se agachó, aunque de forma tal que podía mirar hacia atrás.

La misma vagoneta de vidrios oscuros en que habían secuestrado a Diego ingresó nuevamente al estacionamiento y al mismo espacio que antes había ocupado. El conductor apagó el motor, bajó de inmediato y se dirigió hacia el departamento. Brandon esperó a que estuviese adentro para encender el motor, dar retro y salir apresurado por el callejón. Al escuchar el sonido del motor, el agente en el departamento salió apresurado hasta las escaleras, pero solo logró ver las luces traseras del vehículo perdiéndose en la oscuridad del callejón.

Brandon se dirigió hacia la autopista interestatal I-95 y empezó a conducir rumbo norte. Iba a la ciudad de Baltimore, donde estarían lejos de la vigilancia del Distrito Federal y podrían utilizar por algunos días el sótano de la casa de un amigo.

Cuando lo creyó oportuno, encendió las luces de la cabina y le pidió a Emily que revisara el contenido de la mochila. Había dos pelotas de *racquetball*, una cantimplora de agua casi vacía y una toalla.

—Hay algo más en el respaldar —dijo Brandon, porque lo había sentido al revisar la mochila.

—Sí, siento algo duro aquí, pero no veo ningún cierre —dijo Emily.

En efecto, todo el respaldar de la mochila funcionaba como bolsillo. Emily, finalmente, encontró la cabeza del cierre y lo abrió de inmediato. En el interior encontró un fólder con aproximadamente 160 páginas de documentos y un cuaderno de notas con las anotaciones de Diego. Después de ojear los documentos, Brandon se dio cuenta de que, aunque era información del interior de su Agencia, era incomprensible para él. Valían, en realidad, solo para Diego porque eran las piezas sueltas que le faltaban para el rompecabezas que solo él tenía guardado en su mente.

—OK, Emily, no tenemos el manuscrito que la Agencia quiere destruir, pero, para salvar a Diego, tenemos que hacerles creer que sí tenemos una copia.

—¿Cómo?

—A estas horas ya ellos saben que nos les hemos adelantado —dijo Brandon, esperando que Emily entendiera.

Ella, por el contrario, contestó con una simple mirada de confusión y él tuvo que explicárselo con mayor claridad—. Emily, estamos metidos en medio de una guerra interna de la Agencia. Nos vieron salir del departamento y no encontraron la mochila, por lo tanto ya saben que alguien se les adelantó. La situación ahora es que no pueden matar a Diego porque saben que nosotros tenemos los documentos y su manuscrito. Si eso se hace público, los va a delatar, ¿me entiendes?

—Eso lo entiendo, pero es que no tenemos esa copia del libro.

—Pero ellos no lo saben, les vamos a hacer creer que sí existe, porque la estamos reconstruyendo.

—¿Estás hablando en serio? —preguntó Emily, sorprendida.

—Tenemos las piezas claves y el resto del rompecabezas es la historia secreta de esos crímenes que tú también tienes en tu mente, ¿no es verdad?

—Sí, pero yo no sé contar una historia, no sabría ni por dónde empezar.

—No importa, tenemos el mapa —dijo Brandon, levantando el cuaderno de anotaciones. Emily empezó a leer los documentos y a cotejarlos con las anotaciones en el cuaderno. "Espionaje del año 1920 (* 1-13)", decía la primera anotación.

—No sé qué significa el asterisco.

—¿Qué hay después? —preguntó Brandon con la vista fija en la carretera.

—El número uno, un guión y el trece.

—OK, entonces el asterisco es una referencia numérica.

Quizá la evidencia sobre el espionaje de ese año 1920 está marcada con el número uno o en el renglón trece de la página uno.

—¡Oh...! Sí... mira, él organizó estas páginas en orden numérico —dijo Emily, hojeando las fotocopias de los documentos en el archivador—. ¡Qué ordenado! —dijo, gratamente sorprendida por el trabajo de Diego. Empezó a leer y se dio cuenta de que la evidencia número uno era, en realidad, un documento de contrainteligencia—. No puedo, Brandon, esto es mucho para mí —dijo Emily, con frustración y cerró el archivador con las evidencias.

Brandon guardó silencio porque sabía que ella estaba frustrada. Le llamaron la atención las manos de Emily que acariciaban inconscientemente el archivador que había puesto sobre su regazo. Una ojeada le bastó para descubrir otra pista.

—¿Qué es eso?

—¿Qué?

—Eso en la tapa del archivador —dijo Brandon y Emily recién reparó en una lista de nombres que Diego había escrito con lápiz en la espalda del archivador. Era una lista de nombres propios en la cual Emily era el primer nombre.

—¿Eres tú?

—Me imagino.

—¿Conoces a esas personas?

—No estoy segura, pero creo que conozco a Ely, la segunda. Podría ser Elizabeth Cardona, una amiga que tenemos en Nueva York.

—Tienes que llamarla ahora mismo —dijo Brandon y empezó a darle instrucciones sobre lo que tenía que decirle. Luego le dio su teléfono y ella habló de inmediato con Elizabeth. Después de saludarla, le contó que Diego había desaparecido.

—¡Dios mío!, entonces sucedió.

—¿Qué cosa?

—Lo que él temía. Ayer recibí un sobre de él con una nota extraña.

—¿Qué dice?

—Son los Capítulos III y IV de su libro, la nota dice de que los haga públicos si algo le sucediera a él.

—¿Cómo es el sobre?

—Es un sobre de Manila, del tamaño de media hoja. Contiene solo diez hojas dobladas escritas a renglón seguido.

—No se lo digas a nadie, Ely, por favor dame tu dirección; yo voy para allá ahora mismo —dijo Emily.

—OK, querida, ya nos vemos —dijo y cortó la llamada.

—Nueva York —le dijo a Brandon, entregándole el papel con la dirección. Luego se volteó hacia el asiento trasero del carro y agarró la bolsa plástica que había dejado allí. La puso en su regazo y empezó a escarbar entre los papeles que había sacado de su carro. Ahí estaba también el correo del día, que no había tenido tiempo de revisar.

—¿Qué pasó? —preguntó Brandon, mientras ponía la dirección de Elizabeth en su sistema de navegación satelital.

—Creo que tenemos completos los primeros cuatro capítulos —contestó ella al encontrar un sobre similar al descrito por Elizabeth. Lo abrió y, en efecto, encontró un fajo de hojas impresas a renglón seguido.

—¡Sí señor, tenemos los capítulos I y II! —dijo entusiasmada.

—¿Y qué hay en Nueva York?

—Los dos siguientes.

—De ahí somos —dijo Brandon y se pasó al carril izquierdo sobre el cual había un letrero verde con letras blancas anunciando la ruta hacia Nueva York.

Emily empezó entonces a leer el manuscrito. De pronto, toda la información que ahora tenía en los documentos secretos de la CIA, encajó perfectamente en el rompecabezas que había armado Diego.

El documento de contrainteligencia número uno era, en realidad, un informe de alrededor de 1920 que la Cámara Negra —precursora de la Agencia de Seguridad Nacional— había obtenido. En este se daba cuenta de la actividad de otro servicio de inteligencia privado, en este caso, con sede en Nueva York. La forma en que Diego había atado los cabos sueltos de la historia fue desde todo punto de vista sorprendente.

En enero de 1920, el servicio de inteligencia que el magnate John D. Rockefeller había organizado para espiar en la industria petrolera y en la política de los países productores, le hizo llegar un reporte a la oficina central de su empresa insignia, la Standard Oil Co., ubicada en el centro financiero de Manhattan. Había petróleo en abundancia en Bolivia, un país pequeño y con leyes proteccionistas, pero fácilmente manipulable, pues ya la empresa británica Richmond Levering había logrado un contrato con el gobierno boliviano por la concesión de un millón de hectáreas en terrenos preevaluados.

—¡No me digas que Rockefeller se metió hasta en Bolivia! —comentó Brandon.

—Por supuesto. Dos años después, el contrato de la Richmond Levering estaba ya en Nueva York sobre el escritorio de Rockefeller. Lo compró por dos millones de dólares para su Standard Oil, se metió a la fuerza en Bolivia y se apoderó de toda la industria.

—¿Pero cómo?

—Como solo él sabía hacerlo: a punta de chantajes, sobornos y compras secretas a nombre de intermediarios. En pocos años llegó a ser dueño de siete millones de hectáreas eminentemente petrolíferas, ¡durante la vigencia de una ley que limitaba las concesiones a solo cien mil hectáreas!

—Yo no puedo concebir la idea de que él haya hecho todo eso sin la cooperación del gobierno boliviano.

—Bueno, es que allí a los gobiernos los ponía la oligarquía minera, a la cual Estados Unidos tenía prácticamente a su servicio. Los tres varones del estaño eran los dueños del país, en realidad.

—Si eran solo tres, ¿no será exagerado utilizar el término oligarquía?

—¡Para nada! Mira, las cabezas visibles eran los magnates, es verdad, pero entre ellos exportaban todos los metales del país como si fuesen propios. De verdad se sentían los dueños del negocio y por lo tanto manejaban la política a su antojo. Si yo te digo que llegó a ser oligarquía es porque, de una forma u otra, tenían a su servicio a varias generaciones de políticos, intelectuales y hasta profesionales en todos los sectores.

—Y la Standard, ¿encontró petróleo?

—¡Por supuesto! No te olvides de que sus concesiones habían sido preevaluadas. Aquí dice que extraía petróleo de cuatro zonas diferentes del país y que instaló una refinería.

La historia había despertado la curiosidad de Brandon.

Se había dado la paradoja de que la Standard Oil se había sumado a la oligarquía minera en el lucrativo negocio de explotar para beneficio propio los recursos naturales bolivianos, mientras el gobierno, en gran medida, asumía los costos de esas operaciones. Hasta ese momento, Bolivia había contraído cuatro créditos más para seguir construyendo los ferrocarriles utilizados por la minería y para pagar los créditos anteriores. Empezaba ya a acumular grandes deudas con bancos privados extranjeros, especialmente norteamericanos. Tan mal estaba la situación económica del país que a fines de la década de los años veinte, el presidente de turno tuvo que suspender los pagos de la deuda externa, el país entró en mora y no pudo acceder a nuevos créditos.

Poco después, le tocó asumir la presidencia a otro fiel servidor de los intereses del saqueo, el Dr. Daniel Salamanca. En esas condiciones de control absoluto de la industria, los agentes secretos de la Standard descubrieron que una empresa holandesa había obtenido el contrato para explorar en Paraguay —país limítrofe al sureste de Bolivia— por la zona del Chaco Boreal, donde ambos países tenían un diferendo limítrofe.

Sintiéndose dueña del petróleo boliviano, la Standard presionó al Presidente para que pisara fuerte en esa zona, para que avanzara sus posiciones militares y consolidara, de una vez y por todas, la soberanía sobre esos territorios. Así lo ordenó el viejo Presidente hasta que en la disputa por una laguna, las tropas bolivianas atacaron un fortín paraguayo y estalló la guerra, sorprendiendo tanto a bolivianos como a paraguayos.

—Hay otro asterisco aquí —dijo Emily, deteniendo la lectura.

—¿Qué número? —preguntó Brandon.

—Siete-trece

—OK deja ver: "Enrique Sánchez de Lozada era el diplomático de Bolivia en Washington." —dijo Emily, leyendo el renglón trece de la página siete—.

—¿El actual presidente? —preguntó Brandon con el seño fruncido. Luego se avergonzó al darse cuenta de que, por la edad, no podía ser la misma persona.

—No, el presidente es Gonzalo. Espera, aquí hay otra referencia... ¡Dios mío!, esto no me lo esperaba.

—¿Qué cosa?

—Enrique, el diplomático este del que estamos hablando, es el padre de Gonzalo, el actual presidente —dijo ella, sorprendida, al leer las anotaciones escritas por Diego en los documentos. Después se tomó un tiempo para reordenar sus pensamientos. Muchos eventos de la historia boliviana, que hasta ese momento le habían sido incomprensibles, empezaron a tomar sentido—. Recuerda ese nombre; estoy segura de que lo volveremos a encontrar —dijo y volvió de inmediato a la lectura.

Diego había descrito la guerra del Chaco como una

verdadera carnicería humana que se prolongó por tres años. Un desastre para Bolivia por las enormes desinformaciones en que incurrió el comando general de su ejército.

—¿Qué pasó?

—Políticamente estaban divididos, al igual que el resto del país.

—Déjame adivinar; los de derecha defendían los intereses empresariales y los de la izquierda defendían a los trabajadores —dijo Brandon, haciendo alusión a la obvia confrontación de clases que dividía a la gente en el mundo entero por su ubicación en el conflicto de intereses creado por la actividad productiva.

—Sí, pero recuerda que estamos hablando de Bolivia. Allí las grandes actividades empresariales eran solo extractivas, manejadas además por intereses extranjeros y en pésimas condiciones para el país. Por eso la izquierda le llamaba simplemente "saqueo", en lugar de "producción".

—OK, entiendo. La rivalidad era entonces entre partidarios del saqueo y opositores, pero me imagino que en el ejército habría hombres de los dos bandos.

—Por supuesto, pero el Presidente, siendo servidor de la derecha, solo promovía a los de su bando. Imagínate, después de tantos años con esa política, pues los militares de alto grado eran en su mayoría de derecha. Según lo que Diego describió aquí, en el campo de batalla se produjo un acercamiento ideológico entre los civiles de la intelectualidad de izquierda y los oficiales jóvenes. Eso hizo surgir la nueva conciencia nacional de defender al país contra el saqueo, cuya primera manifestación fue una rebelión contra la cúpula en el ejército.

—OK, leamos entonces —dijo Brandon, interesado en

entender de mejor manera hasta dónde había llegado la influencia estadounidense en la política boliviana. Emily continuó leyendo el manuscrito.

Después de tres años de guerra, Paraguay había hecho retroceder a Bolivia 480 kilómetros desde sus posiciones originales y estaban a punto de llegar a los territorios petrolíferos. Acosado por las críticas a su conducción de la guerra, el presidente Salamanca les echó la culpa a los militares y decidió cambiar por tercera vez al alto mando. En el campo de batalla, por el contrario, se pedía un cambio en el Palacio de Gobierno y las posiciones se polarizaron. Salamanca emitió la orden de cambios y para hacerla cumplir se presentó en la base de operaciones del ejército boliviano con su nuevo comandante, otros generales de su confianza y algunos de sus ministros.

El único sobreviviente de dicha destitución masiva fue el capitán Germán Busch quien, habiendo hecho una carrera meteórica, era ya un oficial muy querido y respetado no solo por el pueblo, sino también por las tropas. Queriendo aprovechar su popularidad, el Presidente le ordenó que llevara al nuevo comandante a la primera línea, que lo presentara e hiciera respetar su autoridad. Como líder y figura inspiradora de la nueva conciencia nacional, Busch se enfrentó personalmente a toda esa cúpula de poder, arrestó al frustrado comandante y depuso al Presidente. En la Paz, se posesionó al Vicepresidente para mantener la constitucionalidad y, al mando de oficiales más jóvenes, Bolivia finalmente detuvo el avance paraguayo. Estaba disponiéndose a recuperar el terreno perdido cuando la diplomacia de la oligarquía permitió que se declarara el cese del fuego.

—¡Wow! ¿Entonces Bolivia perdió los territorios del Chaco?

—Eso no es nada. Después de la guerra, se descubrió que Paraguay la había ganado transportando sus tropas con petróleo boliviano.

—¿Hablas en serio?

—Por supuesto. Escucha esto:

Paraguay no tenía petróleo, pero poco después de empezada la guerra, se consiguió un secreto proveedor de carburantes...

—¡Dios mío! Adivina quién.

—No me digas que nosotros los americanos.

—El imperio Rockefeller, mediante otra de sus compañías llamada Esso, ahora conocida como ExxonMobil.

—Claro. Esso era uno de los nombres que la Standard Oil adoptó desde que la Corte Suprema le ordenó fragmentarse para solucionar su delito de monopolio.

Por muy difícil que resultara creerlo, el imperio Rockefeller había organizado una operación de contrabando sin precedentes en la historia boliviana. Se descubrió que durante años se habían robado el petróleo boliviano, que lo habían refinado en Argentina y le habían vendido a Paraguay no solo la gasolina, sino todos los otros derivados del petróleo.

—Yo no creo que haya podido hacer semejante operación en secreto. Es imposible —dijo Brandon.

—Es que todo era legal, excepto el robo.

—¿Cómo es eso?

—Rockefeller tenía establecida, en los tres países vecinos, toda una red de legítimas corporaciones que desempeñaban diferentes funciones en el plan de contrabando.

—Sí, pero, ¿ninguno de los gobiernos lo fiscalizaba?

—Era propiedad privada, Brandon. Nadie tenía derecho a husmear en las empresas de semejante magnate tan poderoso. Simplemente reportaba una ínfima parte de lo que exportaba. Así de fácil fue su plan.

—Mierda... sé que puede parecer cruel, pero tenemos que admitir que fue brillante.

—Maléfico, diría yo.

—Tampoco tanto.

—¿Te parece poco? Por su ambición desmedida hizo estallar una guerra entre dos países pobres, después se robó el petróleo de Bolivia y se lo vendió a Paraguay con sobreprecio. Pero eso no es todo: al no reportar ese petróleo, tampoco podía venderle a Bolivia, obligándola a importar desde Perú y Venezuela.

—Bueno, pero las empresas de lucro son pues para lucrar, Emily. Aunque no nos guste, tenemos que admitir que fueron creadas para eso y nada más. No tienen nacionalidad, por lo tanto no tienen la obligación de ser patriotas. Negocios son negocios y punto. No hay nada malo en ser ambicioso.

—¡Murieron 100 000 personas, Brandon! Mira, los dos sabemos que hay pérdidas y ganancias en todo negocio; el problema fue que Rockefeller se llevó las ganancias y las pérdidas las asumió el pueblo boliviano.

—En fin, eso fue ya hace mucho tiempo. Tampoco es que nosotros seamos responsables de su pobreza.

—Yo creo que Estados Unidos está más involucrado en la pobreza boliviana de lo que tú te puedas imaginar.

—Si eso es cierto, pues es algo realmente horrible —dijo Brandon, tratando de responder con su lado humano.

—Si esto te parece horrible, pues prepárate, porque ahí no terminó el abuso —dijo Emily y luego le explicó que en realidad las agresiones norteamericanas por la posesión del petróleo boliviano estaban apenas empezando. Habría otros saqueos, otros intentos del pueblo por defenderse y, por consecuencia, habría también mucha sangre por derramarse.

—Con razón nos odian —dijo Brandon, como dando por terminado el análisis. Estaban pasando por Philadelphia.

—Tengo que ir al baño —dijo Emily al ver un cartel anunciando, a corta distancia, un área de descanso.

—OK, pero ya sabes, no puedes emitir ningún rastro electrónico que pudiera ser detectado por la Agencia de Seguridad Nacional.

—Sí, por supuesto —contestó ella.

Cuando llegaron al estacionamiento, Emily salió primero y Brandon la siguió a diez metros de distancia. La vio entrar a los baños de mujeres y luego entró él al de varones, contando en su mente los segundos.

Capítulo III

El jaguar en el Palacio

Brandon y Emily entraron a Manhattan por el túnel Lincoln. La casa de Elizabeth estaba en Spanish Harlem y su sistema de navegación satelital le indicaba que debía seguir derecho, pero Brandon decidió doblar a la izquierda en la Avenida de las Américas. Tenía algo en mente y valía la pena hacer un pequeño desvío. Eran casi las dos de la mañana cuando pasaron frente al edificio Rockefeller. Brandon detuvo su vehículo por un momento. Estaba abstraído porque había un nuevo conflicto en su sistema de creencias. El emblemático edificio, que antes él había visto como el símbolo de la brillantez empresarial norteamericana, tenía ahora una connotación muy diferente.

Una hora después se aproximaban al domicilio de Elizabeth. La iluminación de la calle era insuficiente para ver los números de las casas, pero según el sistema de navegación satelital estaban ya a poco menos de media cuadra.

—Debe ser ese —dijo Brandon, apuntando a un edificio

de departamentos de aproximadamente ocho pisos, al lado izquierdo de la calle.

—Necesito comprar algunas cosas —dijo Emily, al ver que la gasolinera de la vereda de enfrente estaba abierta.

—OK, voy a aprovechar para echar gasolina —dijo Brandon y condujo hasta una de las bombas de combustible. Bajó del carro y sacó una tarjeta de su cartera para comprar la gasolina utilizando el sistema automático de pago. Emily, entretanto, se dirigió hacia la tienda para comprar varias cosas que necesitaba con urgencia. Había muchas cosas en la mente de Brandon, pero repentinamente recordó algo y volteó para llamar a Emily antes de que ingresara a la tienda.

—Emily —ella volteó de inmediato—. ¿Necesitas dinero?

—Yo tengo —contestó y entró a la tienda.

Después cruzaron la calle e ingresaron al edificio. Fueron directamente al elevador y subieron hasta el piso indicado. Elizabeth los recibió arropada en su salto de cama. Estaba un poco asustada y hablando siempre en voz baja para no despertar a su marido y a su hijo de pocos meses de nacido. Les entregó el sobre y les dijo que al día siguiente hablarían, que se quedaran a dormir. El departamento era pequeño y de un solo dormitorio, así que uno dormiría en el sofá y el otro en la bolsa de dormir que ella había acomodado sobre la alfombra de la sala.

Emily se acostó y se puso a leer el manuscrito en voz baja.

—¿No tienes sueño? —le preguntó Brandon.

—No, no puedo dormir —contestó ella y decidieron irse a la cocina a leer el capítulo dos.

—Entonces, ¿qué pasó después de la guerra? —preguntó Brandon, intrigado.

—Pues aparte de todos los daños causados por la guerra, Bolivia pasó a sufrir la depresión mundial de la década del 30. El país quedó deshecho física y moralmente.

—Me imagino.

—Hubo una hambruna que fue espantosa, pero de esa miseria humana surgió la nueva conciencia nacional y el pueblo empezó a cuestionarse la justicia de un sistema de gobierno diseñado solo para servir al saqueo.

El nuevo gobierno seguía en manos de la oligarquía minera que exportaba metales a Estados Unidos e Inglaterra. Con la atención fija en sus utilidades, las cuales también se quedaban en los bancos norteamericanos y europeos, muy poco hicieron para solucionar la enorme crisis en que se encontraba el pueblo boliviano.

Los obreros declararon una huelga general, saliendo a las calles a protestar. Los campesinos se les unieron, luego la clase media y hasta algunos burgueses. Todos coincidían en la necesidad de cambiar la estructura colonial que saqueaba al país, explotaba a su gente y segregaba al indígena. Todas las voces reclamaban la transformación en un país independiente del abuso de las potencias, que fuera más justo con su gente y defendiera sus recursos naturales. Todos apuntaban hacia algún tipo de socialismo, por lo que el gobierno, como siempre, dispuso la represión a cargo de los militares. En esa oportunidad, sin embargo, la orden no se cumplió, ya que el jefe del Estado Mayor era nada menos que el ahora teniente coronel Germán Busch; el Jaguar de las trincheras y héroe de la guerra del Chaco, quien además de pertenecer al bando de los jóvenes revolucionarios opuestos al saqueo, se identificaba plenamente con el sufrimiento de su pueblo. Se unió al clamor de los trabajadores, inspiró a los oficiales jóvenes y tomó el Palacio de Gobierno para entregarle la presidencia al coronel David Toro, su mentor durante la guerra.

Toro convocó de inmediato a una Asamblea Constituyente la cual, aparte de empezar a trabajar en una nueva Constitución, lo eligió como presidente constitucional de la República para que empezara, sin pérdida de tiempo, a luchar contra la estructura del saqueo.

—¿Qué pasó con la Standard Oil?

—La nacionalizó por defraudación fiscal.

—¡Qué vergüenza, Dios mío!

—¿Vergüenza? ¿Estás loco? Tú conoces el poder del dinero. Aquí, en Estados Unidos, todo el mundo se hizo el de la vista gorda.

—¿Y qué pasó con en diplomático Sánchez de Lozada, en Washington?

—¿Enrique?, pues se quedó a vivir aquí. Recuerda que aunque en Bolivia había cambiado el presidente, la oligarquía minera seguía controlando gran parte del poder. Por lo que sé, Sánchez de Lozada se mantuvo involucrado en la representación de Bolivia, ya sea en forma oficial o extraoficial.

—Es difícil para mí entender esto.

—Aquí hay otra referencia; número 41 —dijo Emily con avidez.

Los documentos, ahora en su poder, exponían la

campaña de desprestigio del Departamento de Estado contra el presidente Toro, estigmatizándolo como dictador en defensa de la democracia y advirtiendo sobre las graves consecuencias económicas que sus actos tendrían para Bolivia. Sin embargo, el dato más revelador era un informe en el cual se evidenciaba, además, que Washington se acopló a la campaña de sabotaje y desestabilización dirigida por la oligarquía minera.

A pesar de todo, el presidente Toro y su asamblea lograron legislar a favor del pueblo, estableciendo la jornada laboral de ocho horas y la sindicalización obligatoria. También se creó el Ministerio de Trabajo y el Presidente puso a un dirigente sindical a cargo del flamante despacho.

Para liberarse del control de las potencias, promovió el comercio con los países vecinos y fue durante esas conversaciones, que Argentina se interesó en negociar acuerdos comerciales que incluían el petróleo boliviano.

Estados Unidos reaccionó de inmediato advirtiendo a ambos países que no podían negociar sobre un petróleo que no le pertenecía ya a Bolivia. Desde el punto de vista de Washington, la expulsión de la Standard Oil era un conflicto en el que aún no se había dicho la última palabra.

Finalmente lograron desestabilizar al gobierno de Toro, pero antes de que lograran derrocarlo volvió a asumir el cargo, a nombre de los revolucionarios, el teniente coronel Germán Busch, quien se había mantenido como jefe del Estado Mayor. También convocó a elecciones para establecer una Asamblea Constituyente y los magnates pusieron el grito al cielo. Con el intento de boicotear instruyeron a sus partidos políticos a no presentarse, pero los sectores populares aprovecharon la oportunidad y la constituyente terminó siendo aún mucho más representativa de un pueblo hambriento.

A pesar de la agresiva campaña de desprestigio en su contra, la Asamblea aprobó una nueva Constitución y eligió a Germán Busch como Presidente Constitucional de la República por un periodo de 4 años. En esa Constitución se incluyó el trabajo entre los factores de producción que debían ser protegidos y se le dio al Estado atribuciones fiscalizadoras para controlar las actividades de los magnates, además de la facultad para participar en las actividades productivas y comerciales.

Eso fue lo que más le molestó a Estados Unidos, porque el Estado boliviano empezó a negociar directamente sus recursos naturales, entregándole a Brasil todas las concesiones petroleras que la Standard Oil reclamaba como propias. El presidente Busch pasó a ser considerado enemigo de los intereses estadounidenses.

La oligarquía minera orquestó una ola de manifestaciones de descontento con la política del gobierno que incluía una campaña para culpar a la Asamblea como el elemento irritante. Después le ofrecieron al Presidente un pacto de paz y lograron convencerlo de que la clausurara. Con esa hábil maniobra, el bloque de los intereses del saqueo —compuesto por Estados Unidos, Inglaterra y los magnates mineros— logró aislar a Busch de la fuerza política del Congreso. Estaban preparando el escenario para la previsible confrontación con los intereses del pueblo representado solo por Busch y la mitad de su gabinete.

Hasta ese momento, los gobiernos serviles habían permitido la extracción ilimitada de los metales sin control alguno. Habían reprimido constantemente a los trabajadores mineros para mantenerlos produciendo a ritmo forzado y con salarios de hambre. Habían cobrado para el Estado boliviano un ridículo impuesto como única retribución por el saqueo, pero como si esas ventajas desleales no fuesen suficientes, los magnates habían impuesto también el derecho a recibir sus pagos en divisas extranjeras depositadas directamente en cuentas bancarias en Estados Unidos y Suiza. Esas fortunas, por consiguiente, jamás llegaron a Bolivia, porque para ellos, el país era solo una enorme cantera que sin duda alguna les pertenecía y que, por lo tanto, tenían también todo el derecho de controlar la política para proteger sus intereses.

Los magnates se consideraban intocables, pero Germán Busch decretó que todos los pagos por concepto de las exportaciones tendrían que ser hechos en Bolivia. De esos montos, el Tesoro Nacional retendría los impuestos que también fueron incrementados al 25% de sus utilidades brutas y cancelaría el saldo a los exportadores, previa rendición de cuentas respecto a sus inflados gastos de exportación.

—Me imagino que había entonces algún banco lo suficientemente grande y responsable como para manejar esas cuentas —dijo Bandon.

—El Banco Central de Bolivia, pero para eso el Presidente tuvo que nacionalizarlo —contestó Emily.

—¡No me digas! Pero ¿hasta eso estaba manejado por capitales extranjeros?

—¡Por supuesto! Busch tuvo que cambiar además al presidente del banco y poner allí al Dr. Víctor Paz, el estadista del grupo de los intelectuales revolucionarios.

Los intereses del saqueo eran desde siempre los dueños del poder en Bolivia. Busch, por lo tanto, era el Presidente, pero su entorno le era adverso. Existía, además, el agravante de que no podía identificar a sus enemigos, ya que los adulones creaban en el Palacio una nebulosa en la que era difícil distinguir las lealtades. Como en una siniestra partida de ajedrez, las piezas del saqueo se fueron moviendo sigilosamente para cercar al Presidente. Desplegaron una eficiente campaña de desinformación, utilizando la poderosa maquinaria de fabricación de opinión pública que tenían a su disposición compuesta por la radio, los periódicos, los escritores, los expertos en política y todo tipo de intelectual influyente.

Estados Unidos rechazó el decreto y difundió su discurso de siempre, descalificando al Presidente por dictador y amenazando al pueblo con más miseria. Los partidos políticos tradicionales hicieron lo mismo. Con todo ese apoyo, los magnates mineros rechazaron abiertamente la medida, diciendo que continuarían operando bajo la norma anterior. Busch, sin embargo, sabía perfectamente que esa era otra batalla crucial para su pueblo. Era el tipo de batalla que dignificaba el trabajo del guerrero. Días después dijo públicamente que no estaba en el Palacio para ser títere de la oligarquía; que estaba allí para servir a la patria y que, por lo tanto, iba a defender sus intereses aunque en ese intento tuviera que jugarse la vida.

Se terminó el plazo fijado para el cumplimiento del decreto y en lugar de acatarlo, los magnates siguieron moviendo sus piezas en el tablero del poder para darle jaque mate al Presidente. Mauricio Hochschild, uno de ellos, declaró un lockout *en una de las minas para presionar con la hambruna de los trabajadores mineros quienes vivían sin capacidad de ahorro para dejar de trabajar un solo día. El incumplimiento se consideraba traición a la patria y estaba penado con la muerte, por lo que el magnate fue arrestado, hallado culpable y sentenciado a ser ejecutado al amanecer. Sin embargo, no era fácil enfrentarse a los intereses del saqueo. El presidente Busch recibió una avalancha de presiones políticas, diplomáticas, profesionales y personales, hasta que terminó indultando al transgresor.*

A partir de ese momento, el objetivo de la presión fue dirigida a que Busch derogara su propio decreto. Recibió informes de que Inglaterra no le compraría ni un gramo más de metal, que Estados Unidos haría lo mismo y que, además, le confiscaría la reserva en oro que el país tenía depositada en los bancos norteamericanos. Por otro lado, el séquito de serviles incrustados en el Palacio lo envenenaba con intrigas y con interpretaciones erróneas de la situación del país, sugiriendo que sus medidas eran contraproducentes para el pueblo y que la gente pobre estaba sufriendo por su culpa. Para respaldar esa teoría fabricaban y difundían, mediante panfletos anónimos, todo tipo de historias en su contra.

La presión aumentó aún más y la nebulosa del Palacio cobró vida, porque desde la Federación de Empresarios Mineros se habían dado ya las instrucciones para iniciar la ofensiva final. Busch era ya un muerto andante y todos sus enemigos lo sabían. Comentaban incluso, como un secreto a voces, que el único misterio era la forma en que llegaría el desenlace. Un golpe de estado era impensable, pero no menos riesgosa era la idea de intentar asesinarlo. Germán Busch era como un jaguar en plena selva. Incluso para dispararle habría que asegurarse de ser certero porque, de lo contrario, el zarpazo de reacción sería mortal. Hasta sus enemigos admitían que era un hombre extraordinario y que la única forma de matarlo tendría que ser con un plan del mismo modo extraordinario.

Aproximadamente a las 5:00 de la mañana del 23 de agosto del año 1939, el sonido de dos disparos desató el festejo de los intereses del saqueo y volvieron a sumir en la derrota al pueblo saqueado.

"Lo mató mi pluma", dijo Alcides Arguedas, el escritor oficial de la oposición, refiriéndose a la guerra informativa que había mantenido contra el Presidente. Lo que no dijo fue que él se había anticipado al hecho de sangre, enviando un día antes tres cartas al exterior en las que explicaba los secretos de su pelea personal con el Presidente para que fueran publicadas en cuanto se supiera de su muerte a manos de Busch. Eso prueba el temor que tenía el escritor y político a que algo fallara en el plan de asesinar al Presidente y, como había sucedido en el pasado, fuesen ejecutados los responsables del atentado. Las cartas nunca se publicaron porque todo le salió bien a la oposición y el único muerto fue el presidente Busch. La información sobre esas cartas la describió el propio Arguedas en su diario, el cual envió a la Biblioteca del Congreso en Washington, D.C., con la restricción de mantenerlo secreto por cincuenta años desde el día se su muerte.

Poco después se difundió, oficialmente, la noticia de que el Presidente se había quitado la vida, frustrado por la imposibilidad de hacer cumplir sus utópicas reformas. La versión popular, por el contrario, decía que fue asesinado por mandato de sus enemigos. Todos coinciden, sin embargo, que cayó en la lucha por defender los intereses de su pueblo.

—¿Se ha hecho algún estudio forense de los restos para descartar o confirmar la teoría del suicidio? —preguntó Brandon, intrigado.

—No, ni siquiera se hizo una investigación formal siguiendo los procedimientos investigativos de rutina.

—Pero, ¿por qué?

—Porque, en el Palacio, la oligarquía estaba atareada recuperando el poder. Busch no era ya un problema, mucho menos su muerte.

— Entonces la planificación de la historia del suicidio fue parte del plan.

—Exacto. Sabían que el Presidente había prometido morir antes que claudicar, así que hicieron del suicidio la versión más obvia, acomodando en torno a ella todas las circunstancias necesarias para su credibilidad... ¡Wow! Mira esto: la Segunda Guerra Mundial fue el motivo para la decisión de deshacerse de Busch —exclamó Emily, sorprendida al leer el viejo informe elaborado por el Departamento de Estado. El documento decía simplemente que el presidente boliviano se había convertido en un escollo para cumplir, en lo militar o en lo político, con los objetivos de la Conferencia de Lima de 1938.

—No entiendo.

—Espera... aquí está la referencia: "Hitler ya se había anexado Austria en 1938 y tenía planes de invadir Checoslovaquia. La escalada de la guerra era tan evidente que Estados Unidos empezó discretamente a prepararse para ella y en diciembre de ese mismo año logró que la Conferencia Internacional de Estados Americanos, reunida en Lima, aprobara el Pacto de Unidad para la Defensa Continental...". ¡Dios mío! Eso fue ocho meses antes de la muerte de Busch.

—Pero, ¿por qué era Busch un obstáculo para la implementación de ese acuerdo?

—Porque se había negado a indemnizar a la Standard Oil por la nacionalización y eso descalificaba a Bolivia, de acuerdo a las leyes norteamericanas, para firmar acuerdos amigables. La participación de Bolivia, por lo tanto, por ser nula, iba a anular todo el acuerdo continental.

—¡Carajo! Yo jamás me lo hubiese imaginado.

—Claro. La guerra estaba encima, porque mientras en Bolivia enterraban al presidente Busch, Hitler invadía Polonia y estallaba oficialmente la Segunda Guerra Mundial. Londres y Washington no tenían ya más tiempo que perder.

—¡Oh no! —exclamó Brandon, tapándose los oídos con la almohada. No le era nada agradable el proceso de renovación de su entendimiento; le producía un malestar general.

Eran las cuatro de la mañana y Emily bostezó, rendida por el cansancio. Poco después estaban ambos profundamente dormidos. La Agencia de Seguridad Nacional, por el contrario, seguía haciendo su trabajo de espionaje electrónico e informando a las otras agencias para que estas desplazaran a sus agentes y siguieran todas las pistas que tuvieran hasta encontrar a Emily.

Capítulo IV

La masacre de Catavi

Brandon y Emily despertaron aproximadamente a las 10 de la mañana y, después de tomar una ducha, Elizabeth les sirvió el desayuno. Su esposo se había marchado ya al trabajo y su bebé estaba tranquilo en su mecedora. Hablaron un poco sobre la situación de Diego.

—Mientras nosotros tengamos estos documentos en nuestras manos, nada le va a pasar a él —dijo Emily, refiriéndose a Diego.

Estaba tratando de darle ánimos a Elizabeth, pero en ese momento alguien tocó la puerta en forma agresiva. Elizabeth se sorprendió porque sabía perfectamente que los guardias de seguridad en el vestíbulo tendrían que haberla llamado para anunciarle cualquier visita, a menos, por supuesto, de que se tratara de la policía o de alguna de las agencias de seguridad. Brandon desenfundó su pistola y se pegó cautelosamente a la puerta para espiar por el ojo de buey. Segundos después se volvió a alejar de la puerta, agarró del brazo a Elizabeth y la llevó hacia la cocina.

—Es el guardia de seguridad —le susurró—. Tú, esconde todo —le dijo a Emily, quien se apresuró a recoger la bolsa de dormir, los bolsos con ropa y toda evidencia de que habían dormido allí.

—¿Qué hago? —preguntó Elizabeth.

El guardia volvió a tocar la puerta.

—Ya voy —dijo ella en voz alta y luego puso atención para escuchar las instrucciones de Brandon.

—Haz como si no supieras de nosotros y este fuera un día rutinario para ti.

Ella fue a la puerta y la abrió con naturalidad.

—Buenos días, señora Cardona.

—Hola, Matthew.

—¿Está todo bien, señora?

—Claro, ¿por qué lo pregunta?

—¿Tiene visitas? —preguntó el guardia, espiando hacia el interior del departamento.

—No, ¿por qué?

—Nada grave, solo estamos revisando que todo esté bien. Hasta luego —dijo y trató de continuar con su ronda, pero Elizabeth lo detuvo, expresando su preocupación.

—Ahora me ha dejado preocupada, Matthew. ¿Me puede decir qué es lo que está pasando? Yo estoy sola aquí con mi hijo y... ¿me entiende?

—Hoy, al llegar, encontramos este fax que una de las agencias de seguridad nacional había enviado a las 3:45 de la madrugada —dijo y mostró una hoja de papel en la que estaba la fotografía de Emily, además de su información personal.

—¡Dios mío!, ¿y es peligrosa?

—No lo sé, pero no se preocupe; parece que no hay

nada en este edificio. Ya habló un agente hace unos minutos y ellos tampoco estaban seguros.

—OK, Matthew, gracias —dijo Elizabeth y cerró la puerta.

—¿Sabrán que...? —preguntó Elizabeth asustada.

—¡No! Si lo supieran ya nos habrían tumbado la puerta... puede ser que Diego haya mencionado Spanish Harlem y estén buscando en todo el barrio —dijo Brandon, mirando el sobre de Manila que tenía en su mano.

—Vámonos entonces —dijo Emily, desesperada, pero Brandon sabía que eso era lo que los agentes esperaban. Él no era ningún novato en el negocio del espionaje.

—Tenemos que esperar —le respondió y se decidió a enviar un mensaje pidiendo ayuda a Patrick Conrad. Fueron solo tres dígitos, pero en su lenguaje cifrado le pedía que lo llamara con extrema urgencia. A esa hora de la mañana, Patrick quizá estaba ya en su oficina de Langley, lo que le impediría hablar libremente por teléfono. La llamada implicaba un riesgo, pero Brandon decidió asumirlo ante la inesperada situación en que se encontraban—. Espero que él considere esto como una emergencia —comentó porque sabía que ese era el procedimiento en esos casos encubiertos: llamar solo cuando haya una emergencia.

Después, no les quedó más que esperar a que Patrick respondiera, por lo que decidieron tranquilizarse lo mejor posible considerando las circunstancias y empezar a leer el siguiente capítulo del manuscrito de Diego.

Como era de esperar, después de la muerte de Busch, Washington apoyó abiertamente al presidente interino que habían puesto los viejos militares serviles a los magnates mineros. Prometió además prosperidad para Bolivia, no solo por la ayuda económica que le daría, sino también por los nuevos acuerdos comerciales que firmaría en cuanto se restaurara la seguridad jurídica. Fue así que el gobierno derogó de inmediato el decreto de Busch, posesionó a los empleados de los magnates nuevamente en sus puestos claves del gobierno, inició una campaña de sabotaje contra Yacimientos para promover el retorno de la Standard Oil y, finalmente, convocó a elecciones, cumpliendo así con todos los requisitos del Departamento de Estado.

El ganador de las elecciones fue el Gral. Enrique Peñaranda, de clara tendencia pro estadounidense, quien de inmediato firmó un acuerdo entregándole todo el estaño producido a Estados Unidos, excepto el que se exportaba a Inglaterra. Irónicamente, era el hombre al que Busch había defendido en el Chaco, al impedir su deposición por petición de otros jefes.

Como parte de la "luna de miel" con Estados Unidos, llegó a Bolivia la misión Bohan para estudiar las rudimentarias condiciones en que se desarrollaba la actividad agrícola-ganadera y proponer las soluciones de mejoramiento. Washington ofreció también doscientos millones de dólares entre préstamos y ayuda para que se le devolvieran a la Standard Oil los derechos de propiedad sobre el petróleo. A Peñaranda se le cayeron las babas mientras aceptaba el trato, pero los intelectuales revolucionarios en el Congreso se opusieron rotundamente. Aunque quedaban solo cuatro, defendieron la nacionalización y lograron hacerla ratificar. Ese fallo fue apelado a la Corte Suprema donde Peñaranda tenía planeado ejercer su influencia. Sin embargo, esos cuatro parlamentarios opositores ganaron aún más fuerza, fundando un partido político al que llamaron, oficialmente, Movimiento Nacionalista Revolucionario (MNR). El líder del partido fue el abogado y economista Dr. Víctor Paz, quien fijó como objetivo de su partido continuar, por las vías democráticas, la revolución iniciada por David Toro y Germán Busch. Su primer acto político fue denunciar las maniobras de Peñaranda para favorecer a la transnacional norteamericana. De inmediato se ganaron la adhesión de los trabajadores mineros y, luego, el apoyo de la opinión pública en general. De ese modo Peñaranda y la Corte Suprema fueron obligados a hacer respetar la decisión del Congreso, ratificando la nacionalización.

El MNR estaba convirtiéndose rápidamente en el protagonista de la revolución nacional, pero Estados Unidos se las ingenió para desinflar su crecimiento. Denunció la existencia de un movimiento subversivo de ese partido que con el apoyo del gobierno alemán planificaba establecer un poderoso régimen nazi-fascista y luego expandirlo a los países limítrofes. Como prueba, presentó una carta obtenida por su servicio de inteligencia en la cual el diplomático boliviano en Alemania pasaba instrucciones a miembros del MNR en Bolivia sobre los planes de la operación. La acusación fue rotundamente negada por el Dr. Paz y los otros dirigentes del MNR, pero los tres periódicos de los magnates difundieron la noticia y el daño quedó consumado.

Peñaranda pidió disculpas a Washington y prometió adoptar las medidas necesarias para garantizar la paz y estabilidad en el país. Expulsó al diplomático alemán y arrestó a los ciudadanos de esa nacionalidad sin tomar en cuenta que eran, en su gran mayoría, los inmigrantes judíos que habían sido acogidos durante el gobierno de Busch. Finalmente declaró al país en guerra contra Alemania, lo cual le dio la excusa para hacer lo que realmente quería su gobierno y el de Washington: declaró estado de sitio, clausuró las publicaciones de la oposición, deportó a los dirigentes mineros y arrestó a los periodistas que lo criticaban. El Departamento de Estado lo felicitó públicamente por su eficiencia.

Cuando Estados Unidos se acopló oficialmente a la guerra, después del ataque a Pearl Harbor el 7 de diciembre de 1941, todo estaba ya preparado en Bolivia para imponer el saqueo por la fuerza. En su condición de país aliado, ahora el más pobre estaba obligado a vender sus metales a precios de subvención. Bajaron el estaño a 42 centavos de dólar por libra fina, cuando debería costar alrededor de 70. Para que los magnates no perdieran con la reducción del precio, Estados Unidos simplemente duplicó las cantidades importadas, por lo que los mineros quedaron obligados a trabajar a ritmo forzado. Para evitar reacciones, Peñaranda declaró ilegal toda huelga o protesta y le ordenó a las fuerzas armadas constituirse en el guardián de la producción. En otras palabras, por favorecer a Estados Unidos, declaró a las minas zonas militares y, sabiendo que el hambre y el cansancio iban a hacer reaccionar a los trabajadores, se puso en pie de guerra contra ellos.

En efecto, la jornada laboral se hizo interminable mientras que los salarios siguieron siendo de hambre: los hombres ganaban un promedio de 50 centavos de dólar por día y las mujeres, 27 centavos. En esas circunstancias salieron como hormigas de los socavones, formando una masa de 8000 personas que marchó hacia la ciudad de Catavi, donde se encontraba la gerencia local de la Patiño Mines and Enterprises con sede en Nueva York. En el intento de detenerlos, los militares terminaron abriendo fuego contra la multitud compuesta de hombres, mujeres y niños. El gobierno reconoció aproximadamente 25 muertos y 550 heridos, pero los mineros aseguran haber llorado más de trescientos desaparecidos. La balacera duró varias horas y, en otra operación militar, los cadáveres fueron rápidamente tirados a los camiones del ejército y transportados fuera del área del conflicto, para ser enterrados rápidamente a fin de evitar el conteo.

En Washington, Nelson Rockefeller estaba en el Departamento de Estado, a cargo de las relaciones con América Latina. La participación directa del Departamento de Estado en ese conflicto fue enorme aunque en Bolivia se mantuvo encubierta. La verdad era que el gobierno estadounidense era socio de Patiño en la explotación, porque a través de la Metals Reserve Company, subsidiaria de la famosa Reconstruction Finance Corporation, era dueño del 20 al 25% de la Patiño Mines and Enterprises. Informes descubiertos muchos años después, demuestran que ante la marcha de los mineros sobre Catavi, el Departamento de Estado se desesperó, temiendo por las vidas de los ejecutivos norteamericanos que trabajaban en las oficinas regionales de la empresa. Fue así que desde las oficinas de la Patiño Mines and Enterprises, en Nueva York, llegó la orden para que el gobierno boliviano actuara con mano dura, desatando el infierno. Patiño, finalmente, solucionó el conflicto con el pago de un bono, pero los mineros jamás olvidaron la Masacre de Catavi. Denominaron a ese lugar Campo de María Barzola en honor a la mujer que encabezaba esa marcha y, cada año en esa fecha, recuerdan el día del minero.

El gobierno de Peñaranda fue severamente criticado por la prensa internacional, pero el presidente Roosevelt lo felicitó por su firmeza y lo invitó a una visita oficial. En Washington, fue declarado huésped ilustre y recibido con todos los honores. Pronunció un discurso en la Cámara de Representantes, firmó la declaración de las Naciones Unidas y recibió lisonjas no solo en su recepción en la Casa Blanca, sino también de parte del clero en Washington, D.C.

—¡Qué cambio, no! —comentó Brandon, empezando a entender los efectos ocultos de la política económica norteamericana en Bolivia.

—Imagínate, desde la muerte de Busch, Washington logró hacer girar 180 grados a su favor la política boliviana.

Se estaba poniendo interesante la conversación cuando Brandon sintió vibrar el teléfono en su bolsillo. Miró la pantalla y reconoció de inmediato la gravedad del mensaje. Patrick no había podido llamarlo, pero se las había arreglado para enviarle un mensaje cifrado. La preocupación de Brandon se le hizo visible en el semblante.

—¿Qué pasa? —preguntó Emily, asustada.

—No sé qué carajo es esto —contestó Brandon y se acercó a la ventana para mirar a la calle a través de la persiana. Estaban en el quinto piso y desde allí se veía bastante claro el movimiento de los alrededores, por lo menos de la vereda de enfrente. Había un sedán de vidrios ahumados en la estación de servicio. Le llamó la atención que había quedado cruzado como si el conductor creyera que él era la ley, en lugar de un servidor de la ley, un complejo muy común en los policías y en los agentes de las agencias se seguridad del Estado. Este era un mal hábito, de acuerdo a la escuela de pensamiento que le había inculcado Patrick Conrad, porque en realidad delata la presencia del agente en el lugar. Brandon quiso confirmarlo y fue de inmediato a sacar su cámara fotográfica. Regresó a la ventana y la apuntó hacia el carro.

—¿Qué ocurre? — volvió a preguntar Emily. Brandon se tomó su tiempo, ajustando los lentes para lograr un buen acercamiento.

—¡Mierda! —dijo y tomó la primera fotografía. Ajustó otra vez los lentes, tomó una más y se apartó de la ventana, negándose a creer lo que había visto—. ¿Qué hiciste, Emily? —preguntó algo alterado.

—Nada, ¿de qué estás hablando?

—¿Encendiste tu teléfono?

—No, mira, aquí está, apagado.

—Por favor, dime que pagaste con efectivo.

—¿Qué cosa?

—Anoche, en la estación de servicio.

—No, con mi tarjeta —contestó ella, frunciendo el ceño. Brandon estalló en maldiciones y Emily se soltó a llorar. Había estado bajo mucha tensión y eso era lo último que le faltaba. Lo peor de todo fue que el bebé se asustó y empezó a llorar. Elizabeth tuvo que alzarlo y llevarlo al dormitorio.

—Lo siento... —dijo Emily entre sollozos y después

le explicó que lo hizo porque vio que él también estaba pagando con su tarjeta.

Después de unos minutos Brandon, se calmó, le pidió disculpas por haberse alterado y le explicó que la que él usó era una tarjeta tan segura como su teléfono, su pasaporte, su licencia de conducir, su computadora y hasta su identidad.

—Yo estoy preparado para esto, Emily; nada de lo que estoy usando me conectaría con mi verdadera identidad. Tu tarjeta, por el contrario, está a tu nombre y anoche saltó de inmediato en las computadoras de estos cabrones —dijo apuntando hacia fuera. Se paseó inquieto por la sala y después respiró profundo para terminar de calmarse.

—¿Y ahora? —preguntó Emily, con miedo a escuchar la respuesta.

—Estamos rodeados, Emily. Esa gasolinera es el punto de partida de la investigación y de ahí van a ir expandiendo el círculo de la búsqueda. Si alguien nos vio cruzar la calle anoche, saben ya que estamos en este edificio. Lo único que les faltaría sería el número del departamento.

—Lo siento, de veras —dijo Emily totalmente apenada.

—Bueno, de todas maneras hay una buena noticia en todo esto. Estamos cercados, pero no estamos atrapados —dijo, pero ninguna de las mujeres entendió la diferencia—. Están merodeando por aquí a causa de la tarjeta en la gasolinera. Pero si no saben exactamente dónde estamos es porque Diego no ha hablado y esa es una buena noticia.

En ese momento sonó el teléfono de Brandon. Era Patrick respondiendo al llamado después de 45 largos minutos.

—*Hey*—contestó Brandon.

—¿Qué pasó?

—¿Que qué pasó? Los tengo ya encima, eso es lo que pasó. Tú tenías que haberme avisado antes, Patrick.

—Recién lo supe en la reunión, Brandon. Recuerda que yo no estoy a cargo de esa parte de la operación, pero a pesar de todo, me las agencié para enviarte el mensaje. Bueno, ¿qué tan cerca los tienes?

—Estoy atrapado en el edificio frente a la gasolinera. Tienes que sacarme a esta jauría de encima para que yo pueda salir.

—OK, tranquilo... no hay problema. Necesito todos los datos de la tarjeta que ella utilizó anoche y una fotografía para pasaporte.

—No hay problema, te la envío ahora mismo.

—Brandon, también necesito una tuya, los dos tienen que cambiar de apariencia. ¿Tienes tu material?

—Sí, lo tengo, Patrick —contestó Brandon de mal humor. Ambos sabían que él odiaba esa parte del trabajo.

—Lo siento, tú sabes que yo no te pediría esto si no fuese estrictamente necesario.

—Pero lo disfrutas —contestó Brandon y cortaron la llamada.

No tenía opciones en realidad. Le preguntó a Elizabeth si, por casualidad, tenía alguna peluca que Emily pudiera usar para cambiar su apariencia. La respuesta fue negativa y la situación se complicó cuando Emily se negó a cortarse el pelo. Decidieron, finalmente, que Elizabeth iría a una tienda especializada a comprar todo lo necesario. Afortunadamente esas tiendas eran muy comunes en Nueva York. Una hora más tarde, Emily estaba con su peluca rubia y bastante natural. Brandon, por su lado, se había teñido de rubio a café oscuro, casi negro, y se había puesto además bigotes del mismo color. Sacó luego un paño rojo oscuro para colgarlo en la pared y procedieron a sacarse las fotografías. Sabía cómo hacerlo porque había sido parte de su entrenamiento y era, además, una práctica usual en su trabajo. Luego sacó su computadora portátil y le envió a Patrick todos los datos que había pedido, incluso los de la tarjeta de Emily.

Espió nuevamente por la ventana y logró sacar algunas fotos. Había llegado otra unidad encubierta, lo que totalizaba por lo menos cuatro agentes haciendo preguntas en el barrio con la fotografía de Emily. Afortunadamente, ellos habían ingresado al edificio a las tres de la mañana y nadie los había visto.

—Todo va a salir bien —dijo Brandon, tratando de tranquilizar a las dos mujeres.

Timbró su teléfono nuevamente; Patrick había tardado solo 12 minutos en encontrar una solución al problema.

—Hola.

—OK, mira por la ventana. Vamos a ver cuánto tardan en reaccionar —dijo Patrick.

En ese momento se estaba generando otra transacción con la tarjeta de Emily en otra gasolinera, esta vez, en la ciudad de Albany, ubicada a 150 millas al norte por la carretera interestatal I-87. Fue muy inteligente la operación de Patrick porque Albany estaba ubicada exactamente a dos horas de la frontera con Canadá. Eso les daría, sin duda alguna, la impresión de que sus fugitivos estaban intentando salir del país.

—Están saliendo como escupidos —dijo Brandon, al ver la desesperación de los agentes que corrían desde diferentes puntos del barrio hacia sus carros que habían dejado en el estacionamiento de la gasolinera.

—Veintitrés segundos, no está mal —comentó Patrick; eso quería decir que el Servicio de Seguridad Nacional estaba rastreando todas las señales electrónicas de Emily e informando de inmediato a la Agencia. Patrick sugirió que volvieran a salir de Nueva York por donde habían entrado y que después se dirigieran hacia el sur del país, otra vez por la carretera interestatal I-95. Él tendría que establecer nuevos contactos de emergencia y les informaría por el camino.

Se despidieron apresuradamente de Elizabeth quien, sin embargo, había tenido tiempo de preparar un bolso con alguna ropa para Emily. Le preguntó a Brandon si necesitaba algo de su marido, pero él le explicó que había salido de su casa preparado; tenía todo en el carro.

Salieron del estacionamiento ubicado en la parte de atrás del edificio y partieron de inmediato hacia el sur, en sentido opuesto al de sus perseguidores. Brandon sabía perfectamente que no tenían tiempo que perder. Con dos agencias de espionaje pisándoles los talones, el país les quedaría chico para esconderse.

Capítulo V

Los colgamientos del Palacio

El tráfico vehicular en horas de la mañana les dificultó el paso por la ciudad de Manhattan. Emily, por lo tanto, estuvo muy nerviosa. Le parecía que estaba participando en la fuga más lenta que se pudiera haber imaginado. Agarró el fólder con la lista de nombres de las personas a las cuales Diego les había enviado capítulos de su libro. No conocía a nadie más y eso la molestaba. Empezó a leer los nombres en voz alta para ver si eso la ayudaba a recordar.

—No creo que las conozcas —le dijo Brandon, tratando de encontrarle la lógica al sistema que Diego había utilizado para poner su material lejos de las manos de sus enemigos pero, al mismo tiempo, permitirle a sus amigos recuperarlo.

—¿Cómo lo sabes?

—Es una forma de mantener control sobre el material. Es como una cadena en la cual cada eslabón tiene contacto solo con el siguiente.

—¡Por eso yo solo conocía a Elizabeth!

—Exacto, pero te aseguro que ella conoce a la siguiente persona —dijo Brandon, dándole su teléfono celular. Emily marcó, de inmediato, el número de Elizabeth.

—¿Tú conoces a alguien de llamado Mark, que Diego pueda conocer también?

—¡Claro! Mark López. Estuvimos juntos hace unos meses hablando de política.

—Él tiene el siguiente sobre; tienes que contactarlo y darle instrucciones para que nos envíe la información.

—OK. ¿Cómo te lo hago llegar? —preguntó Elizabeth, pero Emily no supo qué contestar. Brandon le pidió el teléfono y habló directamente con Elizabeth para darle las instrucciones.

—Hola, Eli, por favor, dile que abra el sobre, que escanee los documentos y que los envíe por Internet a esta dirección —luego le deletreó la dirección de un correo electrónico que, por supuesto, era también seguro. Todo quedó resuelto o, por lo menos, eso creyó Brandon.

Finalmente salieron del atolladero de Manhattan y Emily empezó a serenarse. Cuando subieron a la I-95, Brandon pudo acelerar a la máxima velocidad de 70 millas por hora. Emily se tranquilizó y finalmente pudo concentrarse en la lectura del último capítulo que les quedaba del manuscrito.

Las interpelaciones parlamentarias al gobierno de Peñaranda, por la masacre de Catavi, dañaron de tal forma su estabilidad que a fines del año 1943, en plena Guerra Mundial, se produjo en Bolivia un golpe de estado encabezado por jóvenes oficiales de bajo rango y apoyado en lo civil por los miembros del MNR. Asumió la presidencia el mayor

Gualberto Villarroel y su primer acto fue dejarle saber al embajador de Estados Unidos que su gobierno quería buenas relaciones con su país, pero que incluyeran mejorar los precios por la venta de estaño para poder importar los alimentos que el país necesitaba tan desesperadamente.

Bolivia, por ser mantenida como país minero, producía solo metales y, por lo tanto, estaba obligada a importar todos los bienes de consumo, desde los más elementales como arroz, azúcar, harina, conservas y aceite, hasta ropa, carburantes y, por supuesto, productos manufacturados y maquinarias de todo tipo. La economía del país, de esta forma, estaba totalmente controlada por los magnates mineros y por Washington, los compradores y vendedores del estaño. Fue por esa razón que a Villarroel no le quedó otra alternativa que pedir mejores precios por sus metales.

Sin embargo, sus oponentes decidieron tomar la ruta que más dominaban: la del sabotaje con el arma de la difamación. El depuesto presidente Peñaranda salió al exilio y allí tildó a Villarroel de nazi-fascista, repitiendo las acusaciones hechas por Estados Unidos contra el MNR. Esa noticia fue ampliamente difundida por los intereses del saqueo y eso consolidó la posición del Departamento de Estado, el cual decidió luchar con todos sus medios contra ese gobierno que, a su criterio, estaba tratando de chantajearlo durante la guerra con el precio de los metales. Primero lo hizo con el arma del no-reconocimiento, desplegando una campaña diplomática continental para que nadie lo reconociera. Después lo atacó, repitiendo las acusaciones de nazi-fascista y finalmente, utilizando la economía como arma de guerra, al negarse a renovarle el contrato de compra-venta de estaño.

Para tratar de negociar en busca del reconocimiento, Villarroel tuvo que apoyarse en la labor de Enrique Sánchez de Lozada, el antiguo embajador del presidente Salamanca y fiel servidor de la oligarquía minera. Lo hizo principalmente porque, antes del golpe, Sánchez de Lozada se había declarado partidario de los revolucionarios y había prometido obtener el reconocimiento. La segunda razón fue que las conexiones del diplomático en Washington eran evidentes, ya que visitaba frecuentemente las oficinas del Departamento de Estado. Lo que se sabía en Bolivia era que su influencia se la había ganado a título personal, por acciones positivas que había propuesto para beneficio del país. Hacía ya más de diez años que radicaba en Washington, tiempo que había dedicado a explicar en los altos círculos políticos que el indígena boliviano estaba tomando conciencia de su fuerza como clase social y que finalmente iba a reclamar su espacio político. Había planteado, por ello, la urgencia de que Washington cambiara su política de mano dura para poder influenciar positivamente a esa nueva fuerza. Siendo Bolivia un país demasiado vulnerable a las caídas de los precios de los metales, había propuesto también promover allí una diversificación económica. Para la primera parte, concerniente al indígena, su solución había sido establecer mecanismos de asistencia para mejorarles el nivel de vida. Para la diversificación económica, había sugerido la promoción de la agricultura y la ganadería en el oriente boliviano.

Cuando Villarroel llegó al gobierno, esas ideas habían sido ya adoptadas por Estados Unidos y puestas en marcha, como lo probó la misión Bohan durante el gobierno de Peñaranda. Sánchez de Lozada, por lo tanto, era tan influyente en Washington como valiosas eran, para Estados Unidos, sus ideas para controlar la política boliviana. Fue por lo tanto, por su intermedio, que le llegó a Villarroel la lista de condiciones exigidas por el Departamento de Estado para el reconocimiento. Extrañamente se pedía, entre otras cosas, el despido de los cuatro ministros del MNR y su sustitución por miembros del Partido de Izquierda Revolucionaria (PIR), el minoritario y recientemente conformado partido estalinista boliviano. Era incomprensible para Villarroel que desde Washington le llagara el requerimiento de incluir en su gobierno a un partido seudocomunista. La única explicación lógica sería la determinación de quitarle al MNR la representación del pueblo.

Villarroel decidió demostrar algo de flexibilidad con la salida de tres ministros del MNR, pero se negó rotundamente a incorporar a los miembros del PIR. La respuesta de Washington fue una mayor presión. Suspendió las visas para viajes de personeros del gobierno. Suspendió los trámites pendientes para las importaciones de productos norteamericanos y, por supuesto, suspendió también los programas de asistencia.

Villarroel convocó a elecciones para instalar una Asamblea Constituyente, pero la legitimación de su gobierno le interesaba muy poco a Washington. Las exigencias siguieron aumentando y fueron cada vez más humillantes. Villarroel tuvo que permitir, incluso, que aviones de la Fuerza Aérea norteamericana recogieran desde todo el territorio boliviano a los ciudadanos alemanes y japoneses que él había apresado. Todos fueron transportados a Panamá para luego ser confinados en los campos de concentración que Washington había habilitado para aislar durante la guerra a los "espías potenciales" del Eje.

Villarroel al fin empezó a sospechar que el boliviano Sánchez de Lozada era más un agente norteamericano para asuntos con Bolivia que un representante boliviano para asuntos con Washington. Finalmente lo sustituyó, pero sin lograr descubrir a tiempo la trampa que había escondida detrás de su gran influencia en Washington.

La ayuda para mejorar el nivel de vida del indígena boliviano, que Sánchez de Lozada había propuesto a Estados Unidos, estaba, en realidad, destinada a crearles dependencia para luego controlarles la voluntad. En el otro lado del país, la ayuda norteamericana sería orientada a apoyar a los estancieros para promover el desarrollo de una clase social de derecha que pudiera resistirle a los mineros de izquierda. La idea era construir allí una sociedad conservadora mucho más compatible con la derecha norteamericana, donde se pudiera promover esa cultura. De ese modo se concretaría en ambos lados del país la erradicación del "comunismo".

Otra cosa que el presidente Villarroel no tuvo la posibilidad de saber en ese momento fue que quien había acogido las ideas de Sánchez de Lozada, en Estados Unidos, había sido Nelson Rockefeller, el nieto del magnate fundador de la Standard Oil, quien trabajaba ya para la administración del presidente Roosevelt como Coordinador de la Oficina para Asuntos Interamericanos. Este había contratado, hacía ya tiempo, a Sánchez de Lozada como su asesor personal. La contradicción de que un gobierno demócrata, como el de Roosevelt, pusiera a un republicano anticomunista, como Rockefeller, a cargo de la política con Latinoamérica, se explica por la necesidad del Presidente de contar, para la industria de la guerra, con el enorme poder empresarial y financiero sobre el cual el imperio Rockefeller tenía enorme influencia. Para ese efecto, Nelson se mostró como políticamente moderado entre los conservadores republicanos, un hombre flexible e inteligente, que desde años antes había escuchado las ideas de Sánchez de Lozada y descubierto que eran compatibles con la política de los "buenos vecinos" del presidente Roosevelt. En el fondo, sin embargo, seguía siendo un republicano, por lo tanto capitalista y enemigo declarado de los movimientos revolucionarios bolivianos que habían nacionalizado la Standard Oil.

Enrique Sánchez de Lozada estuvo desde el primer momento trabajando para Rockefeller, no solo explicándole las debilidades de los movimientos revolucionarios socialistas bolivianos, sino también proponiendo ideas para controlarlos. El intento de meter a un partido estalinista en el Palacio no podía tener otro objetivo que el de funcionar como Caballo de Troya para destruir el gobierno desde adentro, considerando que el propio Stalin estaba cooperando con Roosevelt para derrotar a Hitler.

En una convención laboral en Philadelphia, Víctor Andrade, en su calidad de Ministro de Trabajo y Bienestar Social de Bolivia, explicó que el gobierno de Villarroel no tenía influencias externas del fascismo ni del comunismo, sino que era un movimiento eminentemente nacional que había surgido en legítima defensa del trabajador minero boliviano, el cual había sido ametrallado, sometido a la miseria y largamente explotado por los magnates mineros. Logró no solo la atención de la prensa, sino la adhesión de los sindicatos norteamericanos y del Secretario de Trabajo, el cual intercedió a favor de Bolivia. El Departamento de Estado, finalmente, decidió reconocer al gobierno de Villarroel, pero después de haberlo debilitado con un boicoteo de seis meses.

En diciembre del año 1944, Villarroel nombró a Víctor Andrade como su nuevo embajador en Washington. Sin embargo, al igual que había sucedido con Sánchez de Lozada, Andrade tampoco pudo resistir la fuerza del capitalismo norteamericano. Se hizo amigo de Edward Stettinius, el nuevo Secretario de Estado, un poderoso empresario que venía de presidir el directorio de la United States Steel Corporation, la más grande productora de acero del planeta en ese momento, que tenía 340 000 empleados y producía más de treinta millones de toneladas al año. Otro amigo personal de Andrade, y su mentor en el campo diplomático, fue el subsecretario de estado Nelson Rockefeller, irónicamente, otro empresario millonario improvisado como diplomático por Roosevelt, para congraciarse con el sector privado y potenciar así su industria bélica. Siendo Andrade un indígena que hablaba inglés perfectamente, representando además a un gobierno revolucionario, su imagen y representatividad fueron utilizadas como fuerza de cabildeo para meter al resto de los países latinoamericanos en una sola bolsa, desde la cual pudieran ser manejados en bloque para apoyar los lineamientos de Washington. Eso fue especialmente útil durante los trabajos de la Conferencia de San Francisco para consolidar la fundación de la nueva Organización de las Naciones Unidas en base al planteamiento elaborado un año anterior. A cambio de su invaluable ayuda, se le prometió al embajador boliviano el apoyo norteamericano, en el momento oportuno, para el *novedoso programa de desarrollo que se había concebido a partir de las ideas de Enrique Sánchez de Lozada y que por ser concordantes con la política de los "buenos vecinos" del presidente Roosevelt, se había puesto ya en marcha a partir de la Misión Bohan. Andrade, por lo tanto, estuvo totalmente distraído en Estados Unidos; mientras en Bolivia su Presidente aguantaba la tormenta de la guerra fría desplegada sutilmente por las diferentes fuerzas de su oposición.*

A pesar de todo, en las elecciones de ese año, el MNR obtuvo una representación parlamentaria importante con la cual logró nombrar, oficialmente, a Villarroel como Presidente Constitucional de la República. El resultado del ejercicio democrático tampoco le gustó a Washington y, por lo tanto, no hizo más que cambiar la estrategia de su ofensiva. Inició una campaña de guerra fría, cooperando con las fuerzas de oposición para atacar al Presidente desde todos los frentes.

Finalmente Villarroel se dio cuenta del gran respaldo político que había perdido al sacar a los miembros del MNR de su gabinete ministerial. Con esa exigencia, Washington lo había separado de su fuente de respaldo político, de la misma forma que había hecho con Germán Busch. Reincorporó entonces a los ministros del MNR, los cuales contaban ya con amparo parlamentario.

Fue prolífico ese periodo porque se legisló para regular la industria minera y para proteger a los trabajadores. Se abolió también el pongueaje y la servidumbre: la versión latina del esclavismo. Desafortunadamente, la liberación fue incompleta porque el boicot económico que había soportado Villarroel dejó a su gobierno sin los fondos necesarios para pagar las deudas del indígena, que eran el mecanismo del estanciero para esclavizarlo. Para proteger a la mujer indígena y a sus hijos, se aprobó el matrimonio de hecho después de dos años de vida como pareja y se estableció la igualdad de derechos entre los hijos legítimos y naturales. Eso le complicó terriblemente la situación a Villarroel porque se sumaron a la oposición las intocables organizaciones femeninas aglutinadas alrededor de la Iglesia Católica. Las distinguidas damas empezaron a organizar manifestaciones populares en defensa de la moralidad y la sagrada institución del matrimonio, diciendo que Villarroel quería destruir a la familia y a la sociedad.

Todos los sectores que se sentían afectados se les fueron uniendo a las damas, en contra de Villarroel. Siendo el más fuerte, Estados Unidos continuó usando, entre otras armas, su control sobre el comercio. La Segunda Guerra Mundial había terminado y Bolivia tenía que volver a cobrar precios de mercado por sus exportaciones, especialmente por la del estaño. Washington, sin embargo, trabó la negociación diciendo que ya no necesitaban el metal, que habían acumulado grandes reservas estratégicas, que la producción asiática estaba ya liberada del control japonés y que, por eso, los precios internacionales iban a bajar. En realidad, los precios internacionales más bien subieron porque los japoneses, al retirarse, destruyeron las minas y porque las sumisas ex colonias británicas y belgas empezaron a resistir el abuso de sus antiguos opresores después de la guerra.

Las verdaderas razones por las que Estados Unidos se había negado a firmar el contrato pedido por el gobierno revolucionario boliviano eran principalmente dos: Primero, Villarroel había incluido en el contrato una cláusula social que destinaba tres centavos y medio, del incremento de siete que pedía, para aumentarles el salario a los trabajadores. La segunda razón era que semejante medida tan "socialista" llegaba a Estados Unidos en momentos en que su política exterior estaba volviendo a cambiar. El presidente Roosevelt había muerto y su doctrina de los "buenos vecinos" había cumplido ya su ciclo. Los republicanos se estaban sintiendo más fortalecidos durante el gobierno de Truman y la nueva política para con los bolivianos era: "Lo toman o lo dejan".

Washington era experto en la utilización del comercio como arma de guerra. Sabiendo que los trabajadores mineros estaban hambrientos y que no podían dejar de trabajar un solo día, dilató la negociación, haciendo insalvable la diferencia de siete centavos. Los magnates propusieron entonces que Estados Unidos aumentara la mitad de los siete centavos y que la otra mitad, justo los tres centavos y medio de la cláusula social, la pagarían ellos, aumentando el salario de los trabajadores a cambio de que el gobierno les recompensara mediante otros mecanismos.

Fue en esas circunstancias que entre sus prácticas dilatorias, Estados Unidos intentó volver a violar los más elementales principios del libre comercio al pedir la devaluación de la moneda boliviana para reducir el valor adquisitivo de los salarios, la reducción de los impuestos a las exportaciones mineras y hasta el aumento del precio de las divisas que los magnates le vendían al Tesoro Nacional. Este fue otro acto de absoluto y descarado intervencionismo que el embajador Andrade logró bloquear.

De muchas formas, Estados Unidos atentó contra el gobierno de Villarroel, pero la más dañina de sus maniobras fue la publicación de su funesto Blue Book *sobre el supuesto nazi-fascismo latinoamericano en el cual incluyó a Bolivia, repitiendo las absurdas acusaciones contra el MNR. Con el uso encubierto de su poderosa maquinaria de fabricación de opinión pública, logró convertir al gobierno de Villarroel en uno criminal cuyos líderes tenían que acabar colgados como Mussolini y sus colaboradores. Maniobrando hacia ese objetivo fundó, en La Paz, el Centro Boliviano Americano y nombró como su presidente fundador a Héctor Ormachea Zalles, el Rector de la Universidad. Lo consolidó como agente estadounidense para que él estableciera, con su estudiantado estalinista y con el apoyo político del PIR, la misma alianza soviético-americana que en Europa había derrotado a Hitler y a Mussolini. Los estudiantes declararon una huelga y empezaron literalmente a armarse para la ofensiva final contra Villarroel.*

El embajador de Estados Unidos en La Paz publicó, entonces, una lista de infamias contra el gobierno, calificando a la subversión como un movimiento liberador y espontáneo del pueblo ante la tiranía nazi-fascista de Villarroel. Fue así que todos los frentes comprometidos con el asalto convergieron en la Plaza Murillo para ejecutar el acto final de ese capítulo histórico de la revolución. Las damas religiosas estaban en primera línea y luego sus hijos, los estudiantes universitarios, disparando las armas que habían robado cuando asaltaron un cuartel policial que tenía órdenes de no resistir. También actuaron asesinos profesionales infiltrados en la multitud. Al medio día, llegó la unidad militar que Héctor Ormachea Zalles había logrado adherir al golpe. A punta de disparos de alto calibre, rompieron la cerradura de la puerta e invadieron el Palacio. El

Presidente y sus colaboradores fueron golpeados y apuñalados hasta quedar desfigurados. Desde los balcones del Palacio, sus cuerpos fueron lanzados a la calle donde fueron despojados de sus ropas. Luego los arrastraron hasta la vereda de enfrente y los colgaron en los faroles del alumbrado público: el Presidente, frente al Palacio y el último, frente a la catedral, ocupando todos los faroles de la Plaza Murillo en esa cuadra.

Cuando la turba pidió que los líderes del golpe salieran a los balcones del Palacio para proclamar al nuevo Presidente, salió Héctor Ormachea Zalles, el presidente del Centro Boliviano Americano a quien, inocentemente, Villarroel le había confiado la mediación en el conflicto. Ormachea Zalles levantó el brazo y saludó a la multitud buscando ser proclamado presidente, al estilo de: "Muerto el César, que viva el César" pero, irónicamente, no le pareció presidencial ni a su propia gente. Tampoco asumió la presidencia el PIR, minúsculo partido seudocomunista que había sido recomendado por Enrique Sánchez de Lozada desde Estados Unidos. Eso demostró que todos los sectores involucrados fueron, en realidad, manipulados por los intereses del saqueo y que el PIR había sido utilizado solamente para destruir al gobierno de Villarroel.

Después de restablecida la calma, el embajador norteamericano manifestó su beneplácito porque el "pueblo boliviano" había defendido las mismas libertades que en Europa habían defendido el presidente Franklin D. Roosevelt y las Naciones Unidas. Condenó al "Tirano" asesinado y pronosticó una época de excelentes relaciones entre Bolivia y su país. Los asesinos contratados encabezaron la cacería de los revolucionarios que no pudieron escapar al exilio y los colgaron en los mismos postes del alumbrado, frente al Palacio y la Catedral. La Iglesia Católica, habiendo sido tan firme al oponerse al matrimonio de hecho, no hizo reclamo alguno por la espantosa criminalidad cometida contra el gobierno de Villarroel.

Días después se informó que Estados Unidos había aceptado la última propuesta que le había hecho Villarroel para la exportación del estaño. Para lavarse las manos por la masacre, el Departamento de Estado había tomado discretamente su decisión tres días antes de la muerte del Presidente. Como en el caso de Germán Busch, los días de Villarroel habían estado contados y su muerte había sino anunciada en Washington por el magnate Mauricio Hochschild. Los opositores de Villarroel sabían perfectamente lo que le esperaba a la siguiente curva del camino.

Nuevamente, después de eliminar a un presidente revolucionario, la oligarquía se restauró completamente y la política del país giró 180 grados para complacer una vez más las exigencias de Washington y los magnates. Estos últimos recuperaron las riendas del país y cambiaron las regulaciones de la industria. Restauraron además a sus parientes en las embajadas de Washington y Londres para difundir eficientemente su versión de la historia y el desprestigio de la revolución.

El arma utilizada contra esos dos gobiernos revolucionarios fue acusarlos de nazi-fascistas. Desde el primer momento, los intelectuales del MNR habían denunciado la falsedad de la carta utilizada para esa infamia. Era obvio que había sido escrita por angloparlantes, ya que aunque quizá hablaran el español, al escribirlo, habían cometido varias *veces un error que ni un niño de sexto grado hubiese cometido en Bolivia.*

Esta defensa contundente fue, sin embargo, ignorada gracias a la poderosa maquinaria de control de la opinión pública que tenía instalada la derecha a nivel internacional.

—No me digas que la carta era falsa —dijo Brandon, negándose de antemano a creer lo que estaba a punto de escuchar.

—Sí te digo —respondió Emily, mostrándole otro de los documentos clasificados.

—OK, te escucho.

—La carta fue hecha en la Estación "M", una oficina clandestina de falsificación profesional controlada por el jefe de la inteligencia británica en Estados Unidos.

—¡Tú estás jodiendo! —exclamó Brandon, estupefacto.

—No. Dice aquí que fue una operación larga y compleja. Se robaron el papel de la legación boliviana en Alemania, registraron las características de la máquina de escribir, vinieron aquí a Nueva York, consiguieron una máquina idéntica, hicieron la carta y punto. Después se la pasaron a la inteligencia norteamericana, diciendo que ellos la habían interceptado.

—¿Y la firma?

—Pasó todas las pruebas de caligrafía. Recuerda que eran profesionales de la falsificación y que habían partido de varios documentos con la firma original; sabían perfectamente lo que estaban haciendo.

—¿Tú crees que la Casa Blanca sabía de la falsificación?

—No sé si los presidentes Roosevelt y Truman lo sabrían, pero es obvio que este fue un trabajo sucio de las agencias de inteligencia de los dos países.

—¿Estás segura?

—Por supuesto —contestó Emily, mostrando otra vez el informe en el cual el agente norteamericano que recibió la carta y la propuesta de utilizarla rechazó en primera instancia la posibilidad de que fuera verdadera y no quiso involucrarse en un plan tan arriesgado. Fue recién después de un tiempo, consultas y acumulación de circunstancias, que decidieron utilizarlo y él tuvo que volver a llamar al agente británico para ponerse de acuerdo en todo lo que iban a decir—. Me dan ganas de vomitar —dijo Emily al terminar de leer.

—Eso era predecible ¿no crees?

—Sí, pero estaban en realidad expandiendo el capitalismo, disfrazado de filantropía.

—Ya estás hablando igual que Diego.

—¿Tengo o no tengo razón?

En ese momento timbró nuevamente el teléfono de Brandon y la conversación con Patrick no fue nada grata.

—Ya tienen tu fotografía —dijo Patrick.

—¡No puede ser!

—La obtuvieron de una de las cámaras de seguridad de la gasolinera.

—Pero yo llevaba una gorra y nunca miré hacia arriba.

—Sí, lo sé, pero hay dos cuadros en los que se ve tu cara. Estás levantando el brazo y mirando hacia la tienda.

Brandon recordó perfectamente el momento. Levantó la cara quizá por unos segundos al preguntarle a Emily si tenía dinero en efectivo.

—¿Qué tan buena es la imagen?

—Está oscura, pero la acaban de llevar al laboratorio. Yo creo que tienes máximo veinte o treinta minutos. Necesito saber exactamente dónde estás.

—Cerca de Philadelphia, a cinco millas del cruce con la 276.

—OK, salte por la 276 hacia Nueva Jersey. Nos han llamado a la sala de control, para dirigir tu supuesta captura en la frontera con Canadá, así que no voy a poder hablar más por teléfono. Anota esta dirección en tu GPS; es una cancha de fútbol en Mt. Holly. En treinta y cinco minutos te recogerá de allí un helicóptero. Llega a tiempo —dijo Patrick y cortó la llamada.

Brandon puso la dirección en su GPS y de inmediato la pantalla marcó en color rojo la ruta que tenían que seguir. Según el tiempo calculado por el aparato, Brandon tenía exactamente 35 minutos. Patrick había hecho los cálculos en la computadora y por eso le dio ese tiempo al piloto del helicóptero. Ahora lo que Brandon tenía que hacer era conducir sin contratiempos.

—Tenemos problemas —le dijo a Emily—. En media hora van a saber exactamente quién soy, lo que nos hará todavía más vulnerables. Vamos a tener que salir del país... necesito tu ayuda.

—¿Pero qué puedo hacer yo, por Dios?

—No, no, Patrick se está encargando de eso. Tú vas a ayudar en otro problema.

—Por supuesto, pero explícame, por favor.

—Diego todavía no ha hablado y esa es la única

razón por la cual nosotros estamos recuperando los sobres antes que la Agencia. Siento mucho tener que decirte esto, pero eso no va a durar mucho.

—Por favor, dime que Estados Unidos no tortura —dijo Emily, sospechando de antemano la respuesta. Sabía que la administración del presidente George W. Bush había utilizado métodos no convencionales de interrogación con los prisioneros.

—Lo siento, Emily, por eso espero, por su bien, que no resista mucho.

—OK, ¿qué puedo hacer? —preguntó ella, recomponiéndose. Tenía la impresión de que podía hacer algo para evitar que torturaran a su amigo.

—Lo único que podemos hacer por él es rescatar todo su material para poder negociar su libertad. Eso es todo, Emily; necesitamos esos sobres.

—OK, está bien, pero ¿cómo podemos hacer eso?

Brandon le explicó entonces que el tiempo era el factor determinante en ese caso. Tendrían que recuperar los sobres antes de que la CIA hiciera hablar a Diego revelando adónde los había enviado. Tendrían que hablar otra vez con Elizabeth, explicarle la urgencia y darle instrucciones para que ella hiciera el trabajo de contactar a los siguientes depositarios de los sobres y darles instrucciones para que enviaran todo en forma electrónica al correo que él le había dado.

La conversación con Elizabeth probó, sin lugar a duda, que la preocupación de Brandon estaba bien fundada.

—Dice que no tiene escáner —fue la justificación por la que no se había enviado la información en manos de la siguiente persona. Emily no supo qué contestar, pero Brandon había escuchado todo ya que el teléfono estaba en *speaker*.

—OK, no hay problema —dijo, interviniendo en la conversación. Emily le acercó el teléfono a la boca—. ¿Tiene cámara fotográfica?

—Sí, creo que tiene —dijo Elizabeth, después de buscar la respuesta en su memoria.

—OK, perfecto. Dile que les saque fotografías a las hojas, una por una y que me las mande al mismo correo.

—OK, voy a volver a llamar entonces.

—¡Elizabeth!

—Sí.

—Por favor, dile que saque bien las fotos; una para cada hoja y bien enfocadas. Es más o menos desde medio metro de distancia. La cámara tiene una opción especial para sacar de cerca.

—OK —dijo Elizabeth, un poco preocupada. Sabía que ahora no solo su amigo Diego estaba en aprietos, sino también Brandon y Emily.

—Una cosa más, Elizabeth, disculpa la molestia.

—Dime.

—Dile a tu contacto que haga lo mismo con el siguiente, tú sabes. A partir de ahora mi computadora será mi único medio para recibir esa información.

—Está bien.

—Pero díselo ahora mismo, por favor, nos come el tiempo.

Brandon Davis no tenía ni la más remota idea de que su fuga estaba a punto de complicársele aún más.

Capítulo VI

El pacto secreto

Cuando Brandon colgó el teléfono, después de hablar con Elizabeth, se dio cuenta de que detrás de su carro había un sedán con los vidrios ahumados que estaba demasiado cerca. Eso era considerado una forma agresiva de manejar, un delito, en realidad, que estaba penado por la ley y que solo los policías se daban el lujo de cometer con impunidad. "No tengo que alarmarme", pensó para no cometer ningún error estúpido. Había bastante tráfico y, por lo tanto, existía también la posibilidad de que ese vehículo no lo estuviese siguiendo; que fuera, simplemente, un conductor distraído que sin darse cuenta se le había acercado demasiado.

—No mires hacia atrás, pero creo que nos están siguiendo.

Emily se sintió desvanecer y se escurrió literalmente en su asiento.

—OK, pues salgamos de dudas —dijo Brandon y encendió su guiñador del lado derecho para cambiar a un carril más lento. Si en efecto los estaban siguiendo, el otro carro haría lo mismo. Caso contrario seguiría su camino y pasaría de largo. Desafortunadamente se encendieron también los guiñadores derechos del otro carro y el vehículo no se desprendió del de Brandon—. ¡Oh!, ¡oh!

—Hay, Brandon, no me asustes —dijo Emily, tapándose la cara.

—No es broma; nos están siguiendo.

—¿Es la policía?

—No lo sé; es un carro sin marcas.

Brandon siguió conduciendo con normalidad, pero después de casi cinco minutos el carro seguía ahí, asechándolos abiertamente, pegado a ellos pero sin detenerlos.

—¿Cuánto falta? —preguntó Brandon y Emily miró su reloj.

—Diez minutos —dijo, calculando que habían transcurrido ya 25 minutos desde que torcieron hacia Nueva Jersey. Estaban ya cerca de la cancha de fútbol y Brandon no podía llegar allí con ese misterioso carro pegado a sus espaldas. Trató nuevamente de desprenderse de él, por supuesto, sin violar las leyes de tránsito. Puso su guiñador, esta vez hacia el lado izquierdo, regresó al carril de circulación rápida y aceleró hasta la velocidad máxima. El carro perseguidor hizo lo mismo y, poco después, encendió las luces policiales que tenía escondidas no solo en el interior de la cabina, sobre el panel de control, sino además tras la máscara frontal, frente al radiador.

Brandon desenfundó una se sus armas, la puso en

medio de los asientos y la cubrió con una revista. Los dos carros tuvieron que cruzar, uno a uno, los carriles rápidos, hasta llegar al hombro de la autopista, la zona de seguridad donde se puede estacionar en caso de emergencia. El policía salió del carro, pero se tomó su tiempo para acomodarse el uniforme y ponerse su gorra bien ajustada. Era un joven de aproximadamente 25 a 28 años.

—Es un novato —dijo Brandon.

—¿Eso es bueno o malo?

—Nunca se sabe... Tranquila, no digas nada.

El policía se acercó, se cuadró frente a la ventanilla de Brandon y empezó su tediosa investigación.

—Deme su licencia de conducir, su tarjeta se seguro y registración del carro, por favor.

Brandon se estiró hacia el portaguantes y sacó la registración.

—¿Me puede decir qué falta cometí? —preguntó Brandon, mientras sacaba los otros documentos de su billetera.

—¡Wow! ¿Qué pasó aquí? —preguntó el policía, al darse cuenta de que Brandon había cambiado considerablemente su apariencia con relación a la fotografía de su licencia de conducir.

—¡Oh!, es una foto vieja.

—Espere un momento —dijo el joven policía y regresó a su carro. Brandon estaba a punto de perder los estribos. Si el laboratorio de la CIA había logrado ya aclarar el video de seguridad de la gasolinera, por lo menos lo suficiente como para que los agentes lo identificaran, seguramente habrían soltado ya la cacería a nivel nacional, como "persona de interés" para la CIA. Brandon sabía perfectamente que se estaba jugando la vida como en una ruleta rusa. Cuando el policía pasara su licencia por el lector de la cinta magnética de su computadora, dos cosas podrían suceder: que su registro de antecedentes policiales saliera limpio como el de un bebé o que se activaran todas las alarmas de la computadora y que su fotografía apareciera como el más buscado de todas las agencias de seguridad.

—Te juro que le vuelo los sesos —dijo Brandon y movió un poco la revista para que la empuñadura de su pistola quedara más accesible.

—No va a pasar nada.

Después de aproximadamente tres minutos, el policía regresó con los documentos. Por la forma natural en que caminaba, Brandon se dio cuenta de que nada había encontrado en sus antecedentes. Era una buena señal, pero sus problemas no habían terminado.

—¿De quién es este carro? —preguntó el oficial, entonces Brandon se dio cuenta de cuál había sido la razón para que él hubiera tardado tanto en detenerlos. Mientras conducía, había metido el número de la placa del carro en su computadora y la información había sido inusualmente limpia, sin mancha alguna, pero también sin los antecedentes normales que todo conductor tiene que tener. Quizá esa era la primera vez que le tocaba al joven policía ver uno de esos expedientes. Había buscado quizá entre los antecedentes criminales, en el de violaciones de tráfico y en todo lo que su computadora le permitiera. No había encontrado un solo dato y eso le había parecido sospechoso. Para colmo de males, el vehículo estaba registrado a nombre de una de las identidades falsas que Brandon había utilizado hasta meses antes, cuando estaba aún de servicio en la CIA. Al iniciar este caso, sin embargo, y por precaución, había decidido utilizar otra de las identidades que tenía a su disposición. Al cotejar la licencia de conducir con la registración del carro, el policía había notado que su nuevo nombre no aparecía en la misma y había regresado a su carro para revisar también los antecedentes de la licencia de conducir. Sin duda alguna se había encontrado con la misma rareza de limpieza extrema y tenía muchas preguntas para Brandon. La primera fue, por supuesto, de quién era el carro que estaba manejando.

—¡Oh!, es de un amigo —dijo Brandon. No era ningún delito manejar un carro ajeno—. Disculpe, oficial. Tengo mucha prisa. ¿Me podría decir por qué me detuvo?

—Inicialmente porque estabas hablando por teléfono. Esto es Nueva Jersey y aquí eso es ilegal.

—Lo siento mucho, honestamente. ¿Me puede dar la multa, por favor? De verdad tenemos mucha prisa.

—¿Dónde vive usted, señor Johannsen? —preguntó el policía y Brandon se dio cuenta de que estaba en serios aprietos. Tenía una identidad completamente limpia, pero no había tenido tiempo de memorizarse los datos elementales de su supuesta residencia.

—Me acabo de mudar, oficial —dijo, mientras sacaba su brazo izquierdo por la ventanilla y discretamente ponía algo sobre el techo del auto para que el policía lo viera. Era una delgada billeterita de cuero negro que Brandon había abierto antes de ponerla sobre el techo. En un lado estaba su información que lo identificaba como Agente Especial del FBI y en el otro, el característico escudo dorado de esa agencia.

—¿En qué trabaja usted? —preguntó el policía, incluso después de ver la identificación.

—Importación de flores... de Colombia... La señora Carmen, aquí, es mi cliente —dijo Brandon, dando la impresión de que estaba trabajando encubierto y que no podía dar mayores explicaciones. El policía se agachó para mirar al interior del carro, saludó a Emily con un gesto y finalmente tomó su decisión sobre el caso.

—Entiendo. Lo voy a dejar ir con una advertencia. Por favor, firme aquí —dijo finalmente y le pasó su talonario de advertencias.

Brandon lo firmó en forma apresurada, pero un segundo después de haberlo hecho, recordó que había utilizado su verdadera firma. Tan corto de tiempo había estado desde el principio en este caso que no había podido ver la firma de la identidad que había adoptado y mucho menos practicarla. No le quedó más que mirar de frente al policía y seguir jugando al papel de dos agentes que estaban ayudándose. El policía recibió su talonario de advertencias y, por supuesto, verificó la firma. Levantó la mirada para hacer contacto con Brandon y este le guiño el ojo, como insinuando que lo había hecho a propósito.

—OK, aquí está su copia; que tenga un buen día —dijo finalmente, siguiendo el juego que le había propuesto Brandon. El joven policía estaba totalmente seguro de que había colaborado con su colega en alguna investigación federal de importancia.

—Gracias, oficial —contestó Brandon y partió de inmediato—. Perdimos diez minutos por esta mierda —le dijo a Emily mientras le daba el comprobante. En ese momento miró hacia atrás por el espejo retrovisor y vio que el policía se le había quedado mirando por algunos segundos.

Diez minutos después llegaron a la cancha de fútbol la cual estaba completamente vacía. Brandon miró su reloj y se dio cuenta de que estaban retrasados por diez minutos.

—Estamos jodidos —dijo y puso la frente sobre el volante.

—Escucha —dijo Emily al abrir la puerta del carro. Como una melodía, entró el sonido aún lejano pero característico de un helicóptero.

—Está regresando; agarra tus cosas —dijo Brandon y ambos salieron del carro apresurados. Agarraron sus pertenencias y corrieron al centro de la cancha. Brandon había sacado dos bolsos grandes del maletero de su carro; uno con ropa y otro con sus armas y equipos electrónicos.

Diez minutos después estaban en pleno vuelo, a bordo de un helicóptero particular, rumbo a una pista también privada, de la cual ellos no conocían absolutamente nada. Allí una avioneta los esperaba con los motores encendidos. Hicieron el trasbordo y ya en el aire, se enteraron de que iban con rumbo a Maryland.

—Tenemos tiempo de leer un poco —dijo Brandon y encendió su computadora.

No tardó mucho en conectarse al Internet, ingresar al correo electrónico que estaba utilizando para el caso y encontrar allí las fotografías que contenían los dos capítulos siguientes. Aparentemente Elizabeth había logrado recuperar por lo menos el contenido de un sobre más.

—¡Gracias a Dios! Es un amor esta Ely —dijo Emily.

—No es tan buena la noticia, Emily. Acuérdate de que los necesitamos todos.

—Dale un poco de tiempo.

—No tenemos tiempo; ese es el problema.

—Yo sé, pero confío en que ella lo va a lograr.

Brandon salvó los archivos en su computadora, se desconectó del Internet y se dispuso a leer en pantalla.

—OK, veamos que más pasó en Bolivia —dijo y puso la computadora entre los dos para que Emily también pudiera leer.

Durante el mes de mayo de 1949 se produjo en Bolivia una huelga minera que el gobierno intentó disolver por la fuerza. Hubo enfrentamientos y el pueblo terminó por sublevarse para proclamar presidente al Dr. Víctor Paz, el líder del MNR quien se encontraba en esos momentos exiliado. Después de varias semanas de choques violentos, los militares lograron reprimir a los mineros. Esa actuación, sin embargo, debilitó al oficialismo y en las elecciones del año 1951, el MNR obtuvo casi la mitad de los votos.

Como sucede habitualmente en Bolivia, el Presidente tendría que ser electo por el Congreso entre los tres candidatos más votados en las urnas. En ese sentido, la elección de Víctor Paz era inminente, en reconocimiento a su considerable mayoría relativa. Sin embargo, eso no era aceptable para los intereses corporativos y el Presidente saliente prefirió darse un autogolpe para entregar el gobierno a una junta militar.

Poco después, el MNR logró establecer un pacto con la policía boliviana para la conformación de un cogobierno y en la madrugada del 9 de abril del 1952 comenzó a gestarse un extraño golpe de estado en el cual los policías y los civiles armados actuaron en forma conjunta para empezar a tomar control de las instalaciones gubernamentales. Sin embargo, antes de que pudieran tomar el Palacio, el Presidente soltó al ejército a las calles, iniciándose así los enfrentamientos armados.

Después de varios días de combate, el golpe de estado estaba siendo sofocado por las fuerzas militares leales al Presidente, pero cuando estaban a punto de perder las esperanzas, recibieron el refuerzo de las masas obreras que convirtieron el golpe de estado en una verdadera revolución. En esa oportunidad, los trabajadores de los grandes centros mineros habían logrado superar los bloqueos del gobierno y transportarse en tren y en camiones para recorrer a tiempo los 300 kilómetros de distancia que los separaban de La Paz. Entraron con firmeza a la ciudad, armados no solo con piedras, sino también con cartuchos de dinamita; explosivos que usaban cotidianamente en las minas.

Con las explosiones de sus cartuchos y las pocas armas que habían logrado esconder de las requisas militares, lograron desconcertar al ejército, vencerlo en diferentes barrios y quitarle sus armas. Finalmente los derrotaron completamente y los humillaron, haciéndolos desfilar por la ciudad como fuerzas vencidas bajo la custodia de las milicias civiles.

La revolución de los trabajadores mineros por fin había triunfado y estaba en condiciones de instaurar, por la fuerza, su tan añorado gobierno del proletariado. Sin embargo, tuvieron que aceptar en forma inmediata que esa victoria había sido en realidad imprevista y que ellos no estaban en condiciones de asumir la responsabilidad de la conducción del país. El gobierno fue entregado al MNR y el Dr. Víctor Paz fue posesionado como legítimo ganador de las últimas elecciones presidenciales. En su discurso inaugural fijó como objetivos fundamentales de la revolución la nacionalización de las minas, la Reforma Agraria para entregarle la tierra al campesino, el voto universal para integrar al campesino a la vida democrática, la reforma educacional y la diversificación económica.

Como era previsible, su gobierno fue rechazado de inmediato por Estados Unidos, quien volvió a presionar con el arma del no reconocimiento. Sin embargo, a diferencia de Villarroel, el Dr. Paz organizó un equipo profesional de alto nivel para viajar a Washington y dirigir allí las negociaciones por el reconocimiento. La naturaleza de la negociación se entiende claramente al tomar en cuenta que el Dr. Paz volvió a nombrar como embajador a Víctor Andrade, el famoso indígena intelectual que había sido embajador de Villarroel y que mientras su amigo y presidente estaba siendo brutalmente atacado por los intereses del capital, se dedicaba a ganarse el aprecio de Nelson Rockefeller entonces Subsecretario de Estado, sirviéndole como pastor para arrear al resto de Latinoamérica. A cambio de su valioso servicio, el Departamento de Estado le había ofrecido apoyo, en el momento oportuno, para los planes de desarrollo que tenían archivados. Quizá al nombrarlo, el Dr. Víctor Paz estaba tratando de que ese momento oportuno se hiciera realidad. Era el hombre ideal para ese trabajo de persuasión porque al igual que Enrique Sánchez de Lozada, Víctor Andrade no había podido escapar al poderoso magnetismo de los Rockefeller. Tanto había sucumbido al proyecto de expansión del capitalismo norteamericano, con apariencia de filantropía, que después del asesinato de Villarroel se había quedado en Estados Unidos para trabajar directamente con Nelson Rockefeller en su famosa International Basic Economic Corporation, la cual lo envió a Ecuador.

Bolivia nunca se imaginó lo preparados que estaban los americanos para negociar la revolución. Durante años, Nelson Rockefeller y Enrique Sánchez de Lozada habían estado trabajando en la estructuración de sus proyectos anticomunistas y de control del indígena boliviano. Hacía ya un año que el magnate americano había logrado meter al ex diplomático boliviano a trabajar en las Naciones Unidas con la función de hacer los estudios y sentar las bases para un organismo orientado a la "inclusión" del campesino del altiplano. Sánchez de Lozada se había mostrado en Bolivia como partidario del MNR, pero lo que nadie sabía era que ellos se oponían a la Reforma Agraria porque consideraban que darle escrituras al campesino iba en contra de los principios básicos de productividad dentro del capitalismo; específicamente, en contra del sistema de la hacienda y de la gran corporación agrícola, que era lo que ellos deseaban.

Dos años después, Sánchez de Lozada fue el primer presidente del Programa Indígena Andino, que incluía no solo a Bolivia, sino también a Perú, Colombia y Ecuador. Nelson Rockefeller, por su lado, pasó a ser el Asistente Especial del Presidente para Política Exterior.

—Después fue Jefe del Consejo de Seguridad Nacional, a cargo de supervisar las operaciones secretas de la CIA

—dijo Brandon, empezando a conectar la historia con los datos que conocía.

—Parece que el servicio de inteligencia siempre les gustó.

—Sí, porque antes, él había propuesto la creación de un comité especial de alto nivel a cargo de desarrollar nuevos programas de financiamiento para las operaciones encubiertas de la Agencia.

—¿Cuáles son esas operaciones? —preguntó Emily.

—Tú sabes: sabotaje, asesinatos, apoyo a los golpistas o soporte a movimientos subversivos; todo lo que sea necesario para consolidar nuestros objetivos políticos.

—Sí, yo sé. Pero ¿qué es lo que las hace encubiertas?

—Bueno, como son actos ilegales en ambos países, la Agencia nunca admite haberlos cometido.

—¿Y si se descubre la operación, como se ha dado en algunos casos?

—No importa, nadie podrá probar que lo hicimos nosotros y, por lo tanto, todo quedará en sospechas y conjeturas. En una operación encubierta no se dejan rastros que conduzcan al gobierno o a la Agencia.

—Eso realmente asusta —dijo Emily y continuó leyendo.

Finalmente el MNR llegó a un acuerdo secreto por el cual Washington le quitó el sable de la revolución para evitar que le cortara alguno de sus intereses en Bolivia, pero le devolvió la vaina vacía para que el Dr. Paz pudiera blandirla cuanto quisiera a fin de impresionar a sus masas. Una vez más se renunció al modelo socializado de desarrollo que pedía el pueblo boliviano, al cooperativismo y a la organización productiva del campesino, para adoptar el modelo capitalista de desarrollo para el cual Estadios Unidos prestaría asistencia económica. El acuerdo tuvo que mantenerse en secreto, no solo para preservar la imagen de la revolución boliviana, sino también para esconder el hecho de que la mayor parte de la asistencia norteamericana iba a ser en el rubro militar.

Ese acuerdo de Washington le generó al MNR un gran apoyo político y económico, tanto bilateral como de organismos internacionales que le permitió gobernar por 12 años consecutivos. Estados Unidos, por su lado, obtuvo el derecho de manejar "legalmente" la política en Bolivia, controlar al indígena, reconstruir secretamente al ejército, potenciar a la derecha oriental mediante la diversificación económica, promover allí su cultura y cultivar sus intereses. El MNR, por lo tanto, tuvo que aplicar la fórmula norteamericana de hacer política: le aumentó una fuerte dosis de propaganda a sus reformas para esconder la falta de profundidad que tenían. En ese sentido, el gobierno estaba autorizado a darle a sus medidas "negociadas" toda la resonancia que quisiera porque en realidad no afectaban de forma alguna los intereses de Estados Unidos ni los de la derecha boliviana.

Las históricas reformas empezaron con la del voto universal. Hasta ese momento en Bolivia solo votaban los blancos porque estaban descalificados quienes no supieran leer y escribir en la lengua oficial del país, que era el español. Esto era una trampa legal de la burguesía porque el país era predominantemente indígena y las etnias se comunicaban perfectamente en sus lenguas originarias. Al incluir al indígena en la vida política, como lo habían planificado Enrique

Sánchez de Lozada y Nelson Rockefeller, el MNR se aseguró por muchos años la lógica adhesión de esa mayoría que adoptó a ese partido como defensor de sus derechos. Estados Unidos había logrado controlar la revolución boliviana.

La nacionalización de las minas seguía siendo cuidadosamente estudiada o, mejor dicho, "negociada", ya que Estados Unidos además era dueño de aproximadamente el 25% de la Patiño Mines and Enterprises. Al bajar el precio del estaño, muchas de esas minas no eran ya rentables, pero, a pesar de todo, el gobierno tuvo que comprometerse a pagar discretamente por estas a fin de nacionalizarlas, ya que ese acto representaría una enorme reivindicación moral y simbólica para los trabajadores mineros. El Presidente se las entregó, personalmente, en un acto organizado en el Campo de María Barzola donde años antes habían sido ametrallados. Para encargarse de la industria recientemente nacionalizada se creó la Corporación Minera de Bolivia y en ese momento el Estado pasó a ser el empleador de los trabajadores en un sistema corporativo en el cual los sindicatos tenían la mitad del control.

Con respecto a la Reforma Agraria, originalmente el Dr. Paz había dicho que le iba a entregar las tierras a los campesinos. Cuando le tocó cumplir su promesa, sin embargo, lo hizo nuevamente blandiendo solo la vaina vacía del sable de la revolución. Con bombos y platillos las concedió bajo el lema o, mejor dicho, la retórica de que "la tierra es de quien la trabaja". Eso, por supuesto, incluía en forma preferencial al estanciero y a las empresas agrícolas. La famosa entrega de las tierras al campesino la hizo obedeciendo a un plan de colonización por el cual dividieron solo las tierras ociosas en pequeñas parcelas para ser repartidas entre los campesinos los cuales, atrapados en el modelo capitalista de producción, quedaron desamparados en sus parcelas.

Para garantizar los derechos de los estancieros se estableció, por ejemplo, que cada cabeza de ganado tenía derecho a cinco hectáreas de terreno y cada familia de campesinos, a quince. Luego empezaron los programas de desarrollo que agigantaron aún más las diferencias, con créditos blandos a los estancieros, muchos de los cuales no fueron pagados, además de programas de importación de ganado y mejoramiento genético. Lo mismo sucedió en las actividades agrícolas para la producción mejorada de pastos, caña de azúcar y oleaginosas.

Por otro lado, aunque las milicias obreras habían exigido disolver al ejército, se empezó discretamente a reestructurar y fortalecer a las Fuerzas Armadas, intensificando el programa de formación castrense a cargo de Estados Unidos en su famosa Escuela de las Américas.

Sin que el pueblo se enterara había llegado al país una comisión de técnicos estadounidenses para elaborar, a su gusto, el nuevo Código del Petróleo Boliviano en el cual, por supuesto, se les entregaba el control de la industria. Inmediatamente después ingresaron al país varias empresas norteamericanas entre las cuales se destacó la Gulf Oil porque obtuvo enormes concesiones en terrenos preevaluados por Yacimientos.

—A propósito de empresas de servicios petroleros, ¿sabes quién empezó a acumular su propia fortuna en Bolivia con ese trabajo?

—¿Quién?

—Gonzalo Sánchez de Lozada.

—¿El actual presidente?

—Sí, señor, el hijo del embajador amigo de Rockefeller. Estaba en el país ya desde el año 1951, afiliado al MNR y cuando se les entregó la industria petrolera a las empresas extranjeras, pues él también hizo su empresa de servicios geológicos.

—Tendría que ser muy joven, ¿no?

—Tendría unos 30 años al final de esa década de los cincuenta.

En agosto del 1960 se inauguró el segundo gobierno del Dr. Paz, el cual coincidió en gran parte con el gobierno del demócrata John F. Kennedy en Estados Unidos. Eso facilitó aún más la cooperación y aumentó el flujo de la asistencia norteamericana, ya que Kennedy se estaba esforzando por darle una mejor imagen a su país. Le dio un giro de racionalidad y humanidad a la política norteamericana, difundiendo su deseo de orientarla hacia la paz mundial, el progreso económico, los derechos humanos y la lucha contra la pobreza. El Dr. Víctor Paz visitó a Kennedy en la Casa Blanca y se puede decir que esa fue la época de oro de la influencia norteamericana en Bolivia porque los acuerdos con el MNR fueron el modelo para la famosa Alianza para el Progreso del presidente Kennedy, cuyo objetivo fue establecer la cooperación económica entre EE. UU. y Latinoamérica.

Sin embargo, el presidente John F. Kennedy fue asesinado en el año 1963 y Bolivia entera enmudeció. Aunque la Casa Blanca quedó en manos del vicepresidente Lyndon

Johnson, era previsible que este no lograra mantener con firmeza el rumbo de su administración y volviera a prevalecer la ideología de la derecha republicana. Se temía, por lo tanto, un peligroso giro regresivo hacia el objetivo imperialista de garantizar la supremacía mundial, el exterminio del comunismo y la implantación de la presencia norteamericana en las regiones consideradas estratégicas para controlar la mayor cantidad de los recursos naturales.

En Bolivia se notó el cambio en forma inmediata porque, hasta ese momento, la Gulf Oil había descubierto ya tres grandes pozos petrolíferos y aprovechó la oportunidad para iniciar nuevamente la pugna por la propiedad de todos los hidrocarburos. Los americanos se habían dado cuenta de que, al redactar el Código del Petróleo, no pudieron prever que además de petróleo encontrarían grandes cantidades de gas natural, producto para el cual no estaba claramente establecido el derecho de propiedad. Ese era un conflicto que estaba aún por resolverse y empezaron a presionar cada vez más fuerte ante la obvia oposición del pueblo.

En referencia al problema del sector minero, al haber nacionalizado esa industria, el gobierno se había convertido en el nuevo patrón de los trabajadores y, como tal, le tocó también enfrentarlos en las disputas salariales. A pesar del pacto original que los había llevado al novedoso modelo del cogobierno obrero-patronal, el idilio duró muy poco dado que el MNR estaba obligado, por su acuerdo con Estados Unidos, a hacer una racionalización de la minería pública. Eso implicaba despidos y el gobierno no estaba en condiciones de enfrentarse de ese modo a los mineros. En esas circunstancias caóticas, la democracia boliviana no era ya del agrado de Washington, especialmente del Pentágono, el cual había preparado durante 12 años sus cuadros militares en Bolivia, restaurando completamente a las fuerzas armadas. En ambos países, los militares entendieron que había llegado el momento de mover sus piezas para instaurar en Bolivia un gobierno militar de mano dura que controlara al campesino, impusiera la racionalización de la industria minera y finalmente que reconociera el derecho de propiedad sobre el gas natural que reclamaba la Gulf Oil. A cargo de esa operación tenían al Gral. René Barrientos Ortuño, un personaje singular que el Pentágono había educado durante años en sus más prestigiosas academias militares para demostrar en Bolivia las bondades del plan norteamericano.

El show estaba a punto de comenzar.

—¡Wow! Esto se pone interesante —dijo Emily, entusiasmada.

—Te juro que yo no tenía ni la más remota idea de la forma tan profunda en que Estados Unidos intervino en la política interna de Bolivia.

—Le cambiaron el destino.

Brandon decidió utilizar el tiempo para revisar su correo; pero solo encontró una mala noticia.

—Tenemos problemas.

—¿Qué pasó?

—Escribió Elizabeth diciendo que ya se rompió el contacto con la gente que tiene el resto del libro; que ha preguntado por todos lados, pero que nadie sabe nada. —Al final Brandon presionó a Emily para que ella resolviera el misterio—. OK, Emily, piensa y dime quién tiene el siguiente sobre.

—Estás loco, yo no conozco a esta gente —dijo ella, mirando la lista.

—Puede ser que las conozcas.

—Bueno los nombres son comunes, pero recuerda que no tengo los apellidos.

—No necesitas los apellidos; dime cuál es el siguiente nombre.

—Carmen.

—OK, pues no tienes que buscar entre todas las Cármenes del mundo, sino simplemente entre las que Diego pudiera conocer o que tengan algo que ver con esta historia.

Emily empezó a nombrar las Cármenes que conocía; eran solo tres, de las cuales una era una ex compañera de la universidad que nada tenía que ver con la historia. Las otras dos estaban en Bolivia: una era una amiga de la infancia y la última era su madre, pero ninguna de ellas conocía a Diego o por lo menos que ella supiera.

—¡Es tu madre! —dijo Brandon, chasqueando los dedos.

—Pero Diego no la conoce.

—¡Es ella!... créeme. Tienes que llamarla —le dijo y le dio su teléfono.

Emily habló con su madre de inmediato. Después de los saludos le preguntó si le había llegado un sobre de Manila.

—No lo he abierto porque está a nombre tuyo —contestó Carmen.

Lo que Diego había hecho empezó a tener sentido en la mente de Emily. Le pidió a su madre que abriera el sobre para verificar el contenido. En efecto, era parte del manuscrito, pero no los capítulos siguientes, sino el correspondiente a los asesinatos del Diputado Edmundo Salazar Terceros y su esposa, que habían sucedido en Santa Cruz. Eso era todo lo que Brandon necesitaba saber. Le hizo señas a Emily para que terminara la conversación.

—Se los mandó a tus padres y a los de él.

—¿Tú crees?

—Te lo aseguro. ¿Dónde vive tu madre?

—En Santa Cruz.

—¿También los de Diego?

—No estoy segura, pero creo que su familia es de Cochabamba.

—Tenemos que ir a Bolivia —dijo Brandon y le envió un mensaje de urgencia a Patrick. Este llamó de inmediato:

—¿Estás loco? Ya tengo sus pasajes para México; ahí tengo un lugar donde pueden trabajar tranquilos.

—Pues cámbialos, Patrick. Nosotros necesitamos ir a Bolivia.

—La Paz está sitiada, Brandon. ¿Cómo piensas llegar allí?

—Por la ruta alterna: Cochabamba o Santa Cruz —dijo Brandon.

Patrick finalmente aceptó y cortó la llamada de inmediato. Después, Brandon le explicó a Emily que si Diego les había enviado el material a sus familias, ellos también estaban en peligro.

Unos minutos después se preparaban para aterrizar.

—Pónganse los cinturones, por favor —dijo, desde la cabina, el piloto de la avioneta.

Emily miró por la ventana y se sorprendió por lo que vio. Sin duda alguna ese no era el Aeropuerto Internacional Baltimore-Washington. Era más bien un pequeño aeródromo que, además, le pareció bastante extraño.

Capítulo VII

La CIA al mando

La avioneta aterrizó sin problema alguno y carreteó hacia la zona de los hangares del pequeño aeródromo para uso exclusivo de la aviación civil. Estaba desierto, cosa que inquietó a Emily porque se sentía más cómoda en zonas concurridas. Por su inexperiencia en actividades de ese tipo, sentía que la presencia de gente a su alrededor le daría mayor seguridad. Finalmente la avioneta se detuvo y el piloto abrió la puerta principal.

—Servidos —dijo sin mayores comentarios.

—Gracias —contestó Brandon y salió, agarrando a Emily de la mano como si fuese su pareja. No tenía ni la más remota idea de hacia dónde debía dirigirse, pero sabía que en esos casos tenía que caminar con seguridad para no llamar la atención con movimientos erráticos. En ese momento recibió una llamada en su celular y al contestarla escuchó la voz de Patrick indicándole a cuál de los carros allí estacionados tenía que dirigirse.

Poco después, Emily estaba conociendo personalmente a Patrick Conrad.

—¡Wow! Encantado de conocerla —dijo Patrick, gratamente sorprendido por la apariencia juvenil de esta—. ¿Qué le parece el vaquero que tengo a mi lado?

—Temerario.

—Muy chistoso —dijo Brandon para aceptar la broma rápidamente y pasar de inmediato al caso que tenían entre manos—. ¿Conseguiste los boletos?

—Sí, son electrónicos. Van a tener que presentarse en el mostrador —dijo al subir a la autopista. Estaban a 15 minutos del Aeropuerto Internacional Baltimore-Washington.

—¿Tienes algo para nosotros?

—Aquí está todo —dijo Patrick, entregándole una mochila pequeña que contenía diez mil dólares en efectivo y dos pasaportes norteamericanos.

—¿Somos topos a partir de ahora?

—No, todavía; ahí tienes todo.

Brandon se dio cuenta entonces de que los pasaportes tenían en la tapa trasera un pequeño sobre blanco fijado con un clip. Allí había licencias de conducir y hasta tarjetas de crédito que coincidían con las nuevas identidades. Ambos sustituyeron los documentos en sus carteras y pusieron todos los anteriores en un sobre que le entregaron a Patrick. Brandon tuvo que dejar también sus armas y sus municiones. No tenía autorización para pasar con ellas por la seguridad del aeropuerto. Al recibir la bolsa, Patrick notó el temor en el semblante de Emily. Decidió entonces darle una frase de aliento y reafirmación:

—No te preocupes, tus documentos estarán esperándote

en una caja de seguridad de un banco. Esta historia empezó aquí y después de que pase todo esto volverás aquí a llevar una vida normal.

—¿Estás seguro? —preguntó Emily con candidez.

—Te lo prometo.

Patrick le explicó a Emily que en cuanto la Agencia identificara a Brandon, también localizarían las identidades falsas que le habían dado. Las que él les estaba entregando, por el contrario, eran las primeras que habían sido preparadas especialmente para ellos, fuera del sistema de la Agencia.

—Estas no van a saltar aquí en el aeropuerto.

—A menos que alguien sospeche algo y nos chequee las huellas digitales —dijo Brandon.

—Eso no va a pasar —comentó Patrick al dejarlos en la puerta del aeropuerto.

En efecto, ellos pasaron sin problemas por la zona de control. Cuando el avión estuvo a la altura de crucero, Brandon encendió su computadora y ambos empezaron a leer en voz baja.

Cuando todos los cuadros militares estuvieron reorganizados en Bolivia, Washington le "sugirió" al Dr. Víctor Paz que nombrara al Gral. René Barrientos como su compañero de fórmula para las elecciones del año 1964. Lo presionaron con la idea de que durante años habían reconstruido discretamente a la institución armada y que había llegado la hora de sacarla a la luz pública y presentársela a los bolivianos. Para ser aceptadas por el pueblo, las nuevas Fuerzas Armadas, tendrían que ser una institución totalmente opuesta a la que años antes los había ametrallado por orden de la oligarquía minera. Por increíble que parezca, lograron hacerlo diciendo que se trataba de una institución moderna estructurada para marchar en la revolución, al lado del pobre y del campesino, cooperando con ellos en diferentes proyectos agrícola-ganaderos.

Paz y Barrientos ganaron las elecciones del año 1964, pero de inmediato se hizo evidente que el MNR ya no le servía a Washington para confiarle la ejecución de sus políticas en Bolivia. Los sindicatos mineros habían estado denunciando, cada vez con más fuerza, la entrega de la revolución que había hecho el Dr. Paz a favor de Washington. Aprovechando esa oportunidad, el Gral. Barrientos se inclinó a favor del reclamo, le dio un golpe de estado a su presidente y salió al balcón del Palacio para explicarle al pueblo su posición. Dijo que el MNR se había desviado del camino revolucionario y nacionalista de Germán Busch y Gualberto Villarroel, los mártires de la revolución; que antes, él también había apoyado al MNR, pero que no podía ya permitir que arrastraran tanto al país por la senda equivocada; que solo por su vocación patriótica y su compromiso con el pueblo, había tomado el gobierno temporalmente para conducir al país de regreso a la senda nacionalista y democrática que las clases olvidadas tanto necesitaban.

Sin embargo, cuando estuvo en el poder, recurrió a la represión para hacer la reducción del personal en las minas. Recibió felicitaciones de Washington y en Bolivia, aplacó la crítica mediante el control de la prensa y la difusión propagandística de su famoso Pacto Militar-Campesino.

Tardó casi dos años en preparar el terreno para las

elecciones, tiempo que utilizó para hacerse conocer mejor por el pueblo. A pesar de ser alto y blanco, Barrientos había nacido en un pueblo indígena y hablaba perfectamente el quechua. Viajaba constantemente a los pueblos más pobres y hablaba con los pobladores en el idioma originario. Les llevaba las donaciones que obtenía mediante los programas de asistencia norteamericanos, se quedaba a celebrar con ellos, apadrinaba a sus hijos y embaucaba a los líderes con promesas de incluirlos en sus listas de diputados.

Cuando lo creyó oportuno, convocó a elecciones y dejó el Palacio a cargo de una junta militar de su confianza para habilitarse como candidato en unas elecciones a las que no dejó ingresar a los líderes revolucionarios que había sacado al exilio. Lo primero que hizo fue irse discretamente a Washington para sacar ventajas de su lealtad y asegurar el respaldo que se le había prometido. El pueblo boliviano nada supo de ese viaje, pero documentos generados en la capital norteamericana ahora dan cuenta de que Barrientos llegó con su bandeja llena de ofrendas. Informó que gracias a sus acuerdos establecidos con la Gulf Oil, esta empresa norteamericana había descubierto grandes pozos petroleros y que pronto estaría extrayendo 50 000 barriles diarios; que también habían encontrado grandes cantidades de gas natural y que ya se estaban construyendo las 1200 millas de gasoducto hacia Sao Paulo, Brasil, para garantizarle también ese mercado. Invitó a Winthrop Rockefeller, el hermano de Nelson, para que fuera a Bolivia a hacer negocios en ganadería y hasta logró que el Congreso le asignara una cuota a Bolivia para exportación de azúcar. Todas estas actividades empresariales que estaban floreciendo eran parte del plan bilateral de diversificación económica y potenciación del oriente boliviano. En Washington, sus aliados resaltaron el hecho de que Barrientos hubiera renunciado a la presidencia para candidatear, cuando en realidad no necesitaba haberlo hecho. "Es para garantizar la libertad democrática", contestó él, sabiendo que la realidad era todo lo contrario. Los únicos dos adversarios que había dejado en la contienda eran Juan Lechín, el ex dirigente sindical de los mineros, representando sin dinero a la izquierda, y Víctor Andrade, el embajador boliviano que entregó la revolución en Washington y por cuya razón era mucho más popular en los círculos políticos estadounidenses que en Bolivia.

Cuando Barrientos aseguró el apoyo estadounidense, especialmente el de los republicanos en el Pentágono y en el Congreso, regresó a Bolivia y desplegó una campaña electoral nunca antes vista en un país tan pobre. Con la renovada Fuerza Aérea a su disposición, utilizó aviones y helicópteros para visitar hasta el último confín del suelo patrio. Por supuesto que ganó las elecciones y durante su periodo democrático embaucó totalmente al pueblo, describiéndose como nacionalista mientras, en realidad, cumplía con los planes de Washington. Cuando el pueblo empezó a darse cuenta de la realidad fue demasiado tarde, porque Barrientos tenía ya todas las fuerzas bajo su control. Empezó a ejecutar el plan americano en forma descarada y lo justificó diciendo que las masas no entendían de economía, pero que él estaba haciendo lo que Bolivia necesitaba, no lo que las masas pedían.

En 1967 ingresó a Bolivia el famoso guerrillero Ernesto Che Guevara para intentar desplegar allí la versión cubana de la revolución antiimperialista. El pueblo no se enteró siquiera de su presencia hasta que el gobierno alardeó públicamente, diciendo que los campesinos habían denunciado la presencia extraña de hombres armados y barbudos en el suroeste de Santa Cruz, que fuerzas especiales de los Rangers de Santa Cruz les estaban tendiendo un cerco y que pronto empezarían a cerrarlo.

Durante el mes de junio de 1967, los trabajadores de la mina Siglo XX se declararon a favor de la guerrilla, pero el Presidente envió a sus tropas de inmediato a controlar la situación. Eso originó lo que luego se conoció en la historia como La Masacre de San Juan.

El 24 de junio, en el día más frío del año, cuando el pueblo celebra la festividad de San Juan haciendo fogatas en las calles, el ejército abrió fuego contra la multitud, matando por lo menos a treinta personas entre hombres, mujeres y niños. Luego arrestó a los dirigentes sindicales que sobrevivieron, los sacó al exilio y restauró el orden, militarizando las minas una vez más.

Mientras tanto, el famoso guerrillero fue capturado vivo por los Boinas Verdes. Fue luego asesinado a sangre fría por orden expresa de la CIA, llegada desde su oficina central en Langely. Sus manos le fueron cercenadas para efectos de identificación dactilar y su cuerpo fue enterrado en una fosa común. Pero no todo salió de acuerdo al plan. Antonio Arguedas, Ministro del Interior de Barrientos, organizó una riesgosa operación encubierta para enviar a Cuba una copia del diario del guerrillero, truncando así un plan para publicar, desde Bolivia, una versión alterada. Al ser señalado como sospechoso, atravesó por tierra la Cordillera de los Andes para escapar por Chile. Cuando finalmente pudo hablar, se declaró un revolucionario asqueado por el servilismo de Barrientos y destapó el increíble grado de intervención de la CIA en el gobierno boliviano. Contó que incluso él, quien habiendo sido amigo personal de Barrientos, diputado por el MNR y agente de la CIA, tuvo que someterse a humillantes interrogatorios de esa misma Agencia para obtener el visto bueno que le permitiera ascender al puesto de Subsecretario del Ministro del Interior. Tuvo que pasar el detector de mentiras y un riguroso interrogatorio bajo los efectos del pentotal.

Al conocerse esa denuncia, desaparecieron del Palacio de Gobierno y del país en general, una gran cantidad de "asesores" extranjeros. Hasta ese momento, el pueblo boliviano ignoraba que había en el país toda una legión de agentes de la CIA trabajando en forma encubierta en diferentes ramas del gobierno. En medio de ese escándalo político, el pueblo se enteró de que Barrientos tenía también protegido a Klaus Barbie, el famoso criminal nazi más conocido como El Carnicero de Lyon quien, por supuesto, estaba en Bolivia con apellido falso y ocupando un misterioso cargo en las Fuerzas Armadas. Siendo buscado internacionalmente no se pudo fugar como el resto de los "asesores" y prefirió quedarse descaradamente en el país, gozando de la protección del gobierno.

En esos momentos estaban en Washington, cumpliendo funciones oficiales, otros dos personajes notorios en la vida política de Bolivia: Héctor Ormachea Zalles, Ministro Consejero de la embajada, y el entonces coronel Hugo Banzer Suárez, agregado militar. 22 años antes, Héctor Ormachea Zalles, había sido el agente norteamericano en Bolivia quien, como rector de la Universidad y a cargo del Centro Boliviano Americano, había organizado la rebelión universitaria que culminó con el asesinato del presidente constitucional Gualberto Villa-rroel. Hugo Banzer, por su lado, formaba parte de la nueva generación de militares educados por Estados Unidos en el arte de representar a Bolivia para servir a los intereses americanos. La vieja guardia y la nueva generación estaban trabajando juntas en la formación del liderazgo para la nueva Bolivia que Washington estaba construyendo. Mientras tanto, con la participación de bancos norteamericanos, Gonzalo Sánchez de Lozada fundó Comsur, su corporación minera en Bolivia, con la cual empezó a acumular una fortuna explotando oro, plata, estaño, zinc y plomo.

Respecto a lo que la izquierda llamaba "saqueo", el gobierno de Barrientos lo disfrazó de "progreso" y se lo entregó a su pueblo hambriento, diciendo que pronto daría sus frutos. Dijo que se estaba negociando la exportación de gas natural con Argentina; un negocio estupendo que iba a beneficiar enormemente al país. Los dirigentes mineros, sin embargo, siendo avezados defensores de los intereses nacionales, se dieron cuenta de que la Gulf Oil había estado bloqueando esas negociaciones hasta que el gobierno boliviano le otorgara el derecho de "propiedad" de los hidrocarburos que se iban a exportar.

En ese ambiente de descontento reprimido, los americanos presionaron a Barrientos para que solucionara, de una vez y por todas, el problema de la propiedad del gas que ninguno de los anteriores gobiernos había querido encarar.

Entonces Barrientos forzó a Yacimientos a conformar una empresa mixta con la Gulf Oil para vender gas a Argentina. En una de las cláusulas se establecía que si una de las dos entidades no aportaba el 50% del volumen de gas, *esta sería desplazada por la otra, que en ese caso asumiría la provisión total del mismo.*

Con esa maniobra, probaron que en la política y en los negocios no es necesario ser literalmente descarado para ser igualmente corrupto. Desde ese momento, la Gulf Oil se convirtió en la vendedora del gas a Argentina, lo cual le daba implícitamente el derecho de propiedad. El detalle oculto para el pueblo, pero que el Presidente sabía perfectamente, era que el noventa por ciento del gas extraído provenía de los pozos en las concesiones de la Gulf Oil. Recién en esas condiciones, los americanos permitieron las negociaciones de Bolivia con Argentina y la firma de un contrato que les beneficiaría solo a ellos.

Poco después de firmado el contrato con Argentina, se abrieron las convocatorias para la licitación pública de la construcción del gasoducto hasta el país vecino. Tanto era el poder de la Gulf Oil sobre ese gobierno, que sus personeros, manejando los negocios de Bolivia desde sus oficinas, declararon ganadora a William Brothers; otra empresa norteamericana muy cercana a ellos, a la que 3 años después le venderían su división de petroquímicos. Barrientos decidió entonces recorrer nuevamente el país para tratar de recuperar su popularidad, pero su gira terminó súbitamente en un accidente aéreo que le costó la vida. El contrato para la construcción del gasoducto se firmó apresuradamente al día siguiente, antes de que cambiara la situación política en el país.

A la muerte de Barrientos, la deuda externa del país había aumentado enormemente y, por supuesto, también las amortizaciones. Los ingresos por las exportaciones de los hidrocarburos, por el contrario, pasaron a ser propiedad de la Gulf Oil Renacieron los sentimientos antiimperialistas en Bolivia y los sindicatos salieron de la clandestinidad a manifestar abiertamente su descontento. La siguiente confrontación sería una derrota para los Estados Unidos, pero costaría, como siempre, mucha sangre boliviana.

Emily y Brandon no hicieron más que cruzar sus miradas en silencio al terminar de leer ese capítulo. Emily sentía un poco de temor por tener en sus manos tantas revelaciones peligrosas. Brandon, por su lado, estaba incómodo al ver desde otro punto de vista el efecto destructivo del accionar de su Agencia.

Cuando el avión aterrizó en Miami tuvieron que descender con todas sus pertenencias ya que, para el vuelo internacional, Patrick había optado por usar la línea aérea boliviana. Era siempre una ventaja porque habría menos preguntas y mucho menos cola que hacer en el mostrador.

Poco después, Patrick llamó por teléfono y dijo que ya habían identificado a Brandon; que en ese momento estaban yendo a su casa en McLean a revisar absolutamente todo; que, además, estaban extrayendo de todos los bancos de datos posibles la información que hubiese disponible sobre él y que en cuestión de minutos su fotografía estaría junto a la de Emily en todos los puertos de salida.

—¿Cuánto les falta para abordar?

—Una hora, más o menos.

—¿Dónde están ahora?

—Cenando en un restaurante. Es bastante discreto.

—OK, quédense ahí hasta el último momento —dijo Patrick y se despidieron.

Brandon aprovechó el tiempo para revisar una vez más su correo electrónico y ver si Elizabeth le había enviado un nuevo capítulo. Esa sería su última oportunidad para bajarlo, ya que durante el vuelo no tendría acceso al Internet.

Capítulo VIII

El Día de la Dignidad Nacional

Brandon y Emily pensaron quedarse sentados en el restaurante hasta que fuese hora de abordar. Desafortunadamente, el restaurante tenía que cerrar y el mesero tuvo que decírselos en forma explícita.

—Está bien, gracias —dijo Brandon y salieron del restaurante. Eran ya las 11:15 p. m. y en la aerolínea boliviana no habían empezado todavía a abordar. Decidieron sentarse en un rincón de una sala de espera, de espaldas a la gente y de frente al televisor. Emily abrazó a Brandon y se acurrucó en su hombro en el intento de esconder su cara. Hacía esfuerzos conscientes para tranquilizarse, pero la tensión era difícil de disimular.

—Tranquila —le susurró Brandon al oído.

En ese momento volvió a sonar su teléfono. Era Patrick, por supuesto.

—Ya soltaron la búsqueda. Ten cuidado; la información de los dos está en el sistema.

—¿Tú crees que salgan las fotos en las noticias? —preguntó Brandon, preocupado.

—No, la búsqueda es interna. No te olvides de que no hay cargos contra ustedes. Esta operación es encubierta.

—De este gobierno, yo espero todo. Nos pueden acusar de cualquier cosa.

—Técnicamente sí, pero yo creo que esta operación la van a mantener en secreto.

—Para poder desaparecernos.

—No hay peligro. Yo vi cómo quedaron ustedes y la verdad es que hiciste un buen trabajo. No es fácil reconocerlos.

En ese momento, Brandon recordó algo que le impidió compartir el buen ánimo de Patrick. El policía de Nueva Jersey lo había visto con su nueva apariencia. Si recibía los datos de la búsqueda, con todos sus alias, entre ellos iba a encontrar alguno de los nombres que él le había presentado: el de la licencia de conducir o el de la registración del carro. La fotografía no sería la misma, por supuesto, y ese era justamente el problema: El policía se había dado cuenta de que Brandon estaba escondiendo su identidad. Él lo había convencido de que era un agente trabajando en forma encubierta, es verdad, pero si viese en la computadora que estaba siendo buscado, sin duda alguna iba a reportarlo.

—Hay algo más que me preocupa —dijo Brandon. Sabía perfectamente que había cometido un error. Tendría que haberle informado de inmediato a Patrick de ese incidente.

—No me gusta el tono de tu voz.

—Hoy me detuvo un policía en Nueva Jersey.

—Dime que estás bromeando, por favor.

—Lo siento. Estuve a punto de llamarte, pero llegó el helicóptero y se me olvidó completamente. Hay algo más, Patrick. No te va a gustar esto.

—No me digas que invitaste a almorzar al maldito policía.

—Firmé el tique de advertencia con mi verdadera firma.

—Espera ahí, Brandon. ¡No te muevas hasta que yo te llame!

Cortaron la llamada y Brandon miró su reloj. Eran ya las 11:40 p. m.; si el vuelo estaba saliendo con puntualidad, a esa hora estarían abriendo ya la puerta de la manga de abordaje. La situación era que Patrick tendría que entrar primero al sistema para verificar que las fotografías no hubieran sido actualizadas con la información del policía. Si eso ya hubiera ocurrido, tendrían que desistir del viaje, por lo menos momentáneamente, llegar de incógnito a una casa de seguridad y esperar hasta que se pudiera cambiar nuevamente tanto la información como la apariencia. Patrick llamó finalmente y les dio luz verde para que abordaran.

Llegaron corriendo a la puerta de salida cuando estaban ya cerrándola.

—Lo siento, lo siento —dijo Brandon, entregando su pase a bordo y su pasaporte. La muchacha que atendía la entrada le hizo una señal de que esperaran un momento. Agarró su radio y se comunicó de inmediato con el interior del avión, informando que tenía a los dos pasajeros que faltaban. Hubo un intercambio de información en el lenguaje técnico que ellos utilizaban. Ese tiempo a Emily le pareció una eternidad, pero al final llegó la decisión.

—Tienen suerte, pasen… pasen —dijo después de darle una rápida mirada a las fotografías y al vencimiento de los pasaportes. Las puertas se cerraron a sus espaldas.

Después del despegue conversaron hasta que Emily logró tranquilizarse. Luego, Brandon encendió su computadora y abrió el primero de los dos capítulos que había logrado bajar del Internet en el restaurante del aeropuerto.

—Son quizá los últimos —comentó, un poco decepcionado.

—OK, veamos —dijo Emily, apegándose más a él para poder leer.

Tras la súbita muerte del Gral. Barrientos asumió el cargo su vicepresidente, un intelectual con buena voluntad pero sin la fuerza necesaria para enfrentarse a la transnacional que se había apoderado del petróleo boliviano. Las fuerzas armadas tomaron nuevamente el poder y lo pusieron en las manos del jefe del Estado Mayor, el Gral. Alfredo Ovando, quien al asumir el mando, decidió ponerse del lado del pueblo, declarando que iba a conducir al país hacia los verdaderos objetivos de la revolución socialista del año 1952. Para dicho efecto, Ovando se armó un gabinete de lujo integrado por lo más selecto de la intelectualidad de izquierda, entre quienes se encontraba Marcelo Quiroga Santa Cruz, como su Ministro de Energía e Hidrocarburos.

—¿Ese es el diputado cuya muerte estaba investigando Diego? —preguntó Brandon.

—Exactamente.

—¿Quién más estaba en ese grupo?

—El Gral. Juan José Torres, a cargo del Consejo de Defensa Nacional— contestó Emily, apresurada para poder seguir leyendo.

Tres semanas después, esos tres hombres sorprendieron al mundo de la política internacional cuando las fuerzas armadas, a las órdenes del Gral. Juan José Torres, tomaron el control de todos los campos petroleros que la Gulf Oil se adjudicaba como propios.

Estaban cumpliendo con el mandato del Presidente y sus ministros quienes, mediante un decreto, habían revertido al Estado todas las concesiones otorgadas a la Gulf Oil, nacionalizado sus bienes en el país y encomendando al Ejército la toma efectiva de dichos campos a nombre de la nación. Se anunció también que el gobierno revolucionario había derogado el Código del Petróleo que había sido redactado por los abogados de la Gulf Oil y que había servido como base legal para ese contrato tan desfavorable para Bolivia. Entre las causas para haber tomado dicha medida se citaba el extraordinario poder político y económico que había acumulado la transnacional, que era un poder muy superior al del Estado boliviano y que por lo tanto hacía imposible ejercer la soberanía nacional. Se explicaba también que dichas condiciones abusivas habían sido impuestas al país a través de gobiernos serviles, para asegurarle a la transnacional márgenes de utilidad e impunidad que eran lesivos tanto para la economía del país como para la dignidad nacional.

En la Casa Blanca estaba el republicano Richard Nixon cuya administración reaccionó de inmediato, recordándoles a los bolivianos lo pobre que eran como país y lo indispensable que les resultaba sujetarse a sus políticas para poder salir de la pobreza. Marcelo Quiroga Santa Cruz contestó que era un discurso totalmente falso, ya que la pobreza en que vivía Bolivia era más bien causada por los negocios sesgados y las políticas opresivas impuestas por Estados Unidos.

La administración Nixon sabía perfectamente que Marcelo Quiroga Santa Cruz había sido el caudillo de esa nacionalización. Sabía que su convicción era absoluta, pero estaba aún por verse si había tenido tiempo de reavivar, con ella, el sometido corazón del pueblo boliviano. Conociendo la pobreza en que vivía esa gente, sabía también dónde podría estar su debilidad. Apoyó sin restricciones a su transnacional petrolera, la cual desplegó una fuerte campaña intimidatoria en Bolivia, diciendo que el mercado argentino le pertenecía y que sin esas exportaciones, el pueblo boliviano iba a sufrir mayor miseria.

Por otro lado aclararon que, de mantener la medida, el gobierno tendría que indemnizarlos, no solo por sus propiedades sino también por las enormes reservas de gas que les pertenecían; una cantidad multimillonaria que endeudaría al país por muchas generaciones.

Como siempre, las voces interesadas de la derecha empezaron a sembrar miedo respecto a las consecuencias de la nacionalización. La clase obrera de la ciudad de La Paz, sin embargo, colmó la Plaza Murillo día tras día, apostándose bajo los balcones del Palacio de Gobierno para brindarle su apoyo. Marcelo Quiroga Santa Cruz salió en varias oportunidades al balcón a demostrar su firmeza ante el pueblo, desvirtuando, una a una, las amenazas de Washington. Dijo que no se le pagaría un solo peso a la Gulf Oil por las reservas de gas y petróleo porque esas reservas siempre fueron propiedad de los bolivianos. El pueblo se dio cuenta de que era un hombre íntegro e incorruptible y lo ovacionó con la esperanza de que en él hubiera resurgido la estirpe de Germán Busch y Gualberto Villarroel, los líderes que habían defendido hasta la muerte los recursos naturales de su pueblo. Marcelo agradeció por el apoyo y ese día fue recordado en la historia boliviana como el Día de la Dignidad Nacional.

Sin embargo, la lucha no fue fácil porque las transnacionales norteamericanas siempre tuvieron un poder extraordinario. Al igual que le sucedió al gobierno de David Toro cuando nacionalizó la Standard Oil, al de Alfredo Ovando lo desestabilizaron políticamente. Primero lo estigmatizaron como dictador, luego promovieron a la oposición y se prepararon para darle un golpe de estado. Sin embargo, el pueblo se les anticipó nuevamente y sustituyó al Presidente por otro hombre que pudiera continuar con el proceso revolucionario. El gobierno quedó en manos del Jefe del Estado Mayor, el Gral. Juan José Torres, quien había conducido la toma militar de los pozos petroleros. Conocido como JJ Torres, Juan José era un mestizo bonachón quien, por ser además de cuna humilde, se identificaba plenamente con su pueblo, sentimiento que era recíproco. Además era un militar inteligente, que durante el gobierno de Alfredo Ovando se había relacionado muy bien con los ministros civiles de la intelectualidad socialista. Asumió el poder llevado en hombros por su pueblo y representó una nueva esperanza para la independencia de la esclavitud económica en que vivía Bolivia.

Sin embargo, el boicot norteamericano se cernía sobre el país ante la inminente aplicación de la famosa Enmienda

Hickenlooper. Dicha enmienda es una orden del Congreso norteamericano para suspender la asistencia a cualquier estado que nacionalizara propiedades de compañías estadounidenses sin pagarles la compensación adecuada. La enmienda Hickenlooper, al igual que la famosa Ley Helms-Burton en la cual se apoya el embargo a Cuba, son derivaciones de la antigua ley de comercio con el enemigo en tiempos de guerra. Apoyado en esta, Estados Unidos se las arregló siempre para utilizar el comercio como arma de guerra, incluso en tiempos de paz, contra regímenes que atentaron de alguna forma contra su seguridad o sus intereses. Estando Bolivia irremediablemente esclavizada por la dependencia de la ayuda norteamericana, la aplicación de la Enmienda Hickenlooper significaría el tiro de gracia para un país moribundo.

Se intensificaron las campañas para infundir el miedo a la miseria y, aprovechando ese momento de vulnerabilidad, se produjo un golpe de estado encabezado por el Coronel Hugo Banzer Suárez, agregado militar en Washington durante el gobierno de Barrientos, quien había estado siendo adoctrinado por el maestro de maestros en el derrocamiento de izquierdistas: Héctor Ormachea Zalles, el viejo agente norteamericano que había orquestado el asesinato de Villarroel. Sin embargo, el golpe resultó fallido gracias nuevamente a la decidida intervención de los trabajadores, organizados en torno a la Central Obrera y a los partidos políticos de la oposición.

Vencido el plazo de rigor, se hizo efectiva la aplicación de la Enmienda Hickenlooper y Estados Unidos le suspendió la asistencia económica a Bolivia. El presidente Torres respondió expulsando al Cuerpo de Paz del país y buscando algún apoyo internacional en los gobiernos de izquierda. Se solidarizó con Cuba, país que estaba sufriendo ya por muchísimos años un embargo estadounidense, y estrechó sus relaciones con la Unión Soviética. En esas circunstancias el problema boliviano se le estaba escapando de las manos al gobierno norteamericano, pero la administración Nixon tenía un plan secreto que había preparado para dicha eventualidad.

Capítulo IX
La intervención del Comando Sur

La ciudad de La Paz estaba sitiada, razón por la cual el vuelo de Brandon y Emily entró a Bolivia por Santa Cruz y pasó hasta Cochabamba en el centro del país. Ellos decidieron quedarse en esa ciudad del Valle Central boliviano porque allí vivía la familia de Diego que, sin duda alguna, tenía en su poder los capítulos finales de su manuscrito.

Cochabamba fue para Brandon una experiencia tan exótica como reveladora. Nunca había hablado con la gente en la calle, observado la forma de vida ni probado la comida boliviana. Estaba encantado, pero no tuvo mucho tiempo de disfrutar la cultura.

Cuando la empleada del hotel levantó la cara para saludarlos, se asustó sin poder disimularlo. Brandon entendió perfectamente lo que estaba sucediendo. La CIA había hecho hablar a Diego; sabían, por lo tanto, que su familia tenía ese sobre y los agentes en Bolivia se le habían adelantado. Quizá tenían ya los documentos en sus manos o, como había dicho Patrick, pensando en dejar el menor rastro posible, estuviesen esperando a que ellos mismos los recuperaran para luego solucionar todo el caso, haciendo desaparecer solo a dos personas. No sabían aún los nombres que ellos estaban usando ni podían detectar el teléfono celular de Brandon, pero estaban ya allí, rodeando a los padres de Diego y pidiendo en los hoteles que reportaran la presencia de una pareja de americanos. Brandon estuvo a punto de delatarse porque había puesto ya los pasaportes en el mostrador.

—¿Desean una habitación? —dijo finalmente la chica, estirando el brazo para agarrar los documentos.

—No tengas miedo; nosotros no somos delincuentes —contestó Brandon volviendo a guardar los pasaportes. La chica no supo cómo reaccionar. Se quedó callada unos segundos y apenas atinó a poner la mano sobre el teléfono. Se detuvo en seco cuando vio que Brandon dejó su mano dentro del bolso donde había guardado los pasaportes. Pensó que quizá estaba ya empuñando un arma—. Tranquila, de verdad nosotros venimos a ayudarlos —insistió Brandon, sonrió y sacó su mano del bolso.

—No es verdad lo que te han dicho —añadió Emily, asustada.

—OK, ya nos vamos —dijo Brandon.

—¿Podrías guardar el secreto? —preguntó Emily cándidamente. Brandon por el contrario sabía perfectamente que aquella muchacha cumpliría con lo que creía era su deber.

—Danos por lo menos unos minutos. ¿Está bien? —dijo Brandon, tratando de negociar su retirada. La muchacha finalmente asintió con la cabeza.

—Gracias, Lidia —dijo Emily, leyendo el nombre de la chica en su solapa. Brandon miró alrededor con discreción y constató que no había cámaras de seguridad.

—OK, vámonos —dijo, agarrando a Emily de la mano. Se dieron la vuelta y salieron apresurados. Para su infortunio, no había un solo taxi afuera del hotel, así que siguieron caminando con la cabeza gacha hasta que, a una cuadra de distancia, encontraron finalmente un taxi.

—¿A dónde lo llevo, caballero? —preguntó el chofer.

—Queremos conocer la ciudad —se adelantó a decir Emily. Brandon ya le había dado el trabajo de ubicar al padre de Diego. Tenían el nombre escrito en la lista que dejó Diego y conocían, por supuesto, el apellido. Ella solo tendría que llamar a la compañía telefónica para pedir la dirección de la casa.

—¿Lo podemos contratar por hora?

—Claro, pues, señorita con gusto —dijo Rufino Quispe.

Mientras Emily llamaba a la central del servicio telefónico, Brandon se dedicó a hablar con Rufino. Observaba sus reacciones y analizaba sus palabras, como si quisiera aprender lo más posible del pensamiento del indígena boliviano. Por el uso que Rufino hacía del castellano, Brandon se imaginó que tendría quizá poca educación formal, pero un asombroso conocimiento de la situación política del país y de los conflictos en la ciudad de La Paz.

—Ladrón es, pues, el Presidente, qué le vamos a hacer

—Dicen que es multimillonario, ¿no?

—Tiene una fundición y ocho minas acá por el altiplano, más esta de oro que recién se ha agarrado en Santa Cruz.

—¿De qué estás hablando? —preguntó Emily, sorprendida. Jamás había oído hablar de minas de oro en Santa Cruz. Rufino les contó con lujo de detalles que la mina se llamaba Don Mario y que procesaba 700 toneladas diarias de material aurífero.

—¿Pero cómo nadie sabe eso?

—Escondida está, pues, en medio de su concesión que es enorme y además en una reserva forestal. Alambrada está además. A nadie deja entrar.

—¿Y tú, cómo sabes esto?

—En la radio lo han denunciado —dijo y Brandon recién empezó a entender el grado de concientización que tenía esa gente. Siguió conversando con él, tratando de conocerlo un poco más, hasta que finalmente le dio una versión diluida de lo que estaban haciendo en Cochabamba. Rufino se sintió muy feliz de ser parte del trabajo. Se detuvieron a comer, descansaron en un motelito cuya habitación rentó Rufino y Brandon esperó a que fuesen las 8:00 de la noche para llamar a Patrick. Sabía que a esa hora estaba ya en su casa.

La conversación no estuvo exenta de tensiones.

—¿Quién es mi contacto en Bolivia? Necesito por lo menos a alguien de la Agencia.

—Imposible, Brandon, y tú lo sabes.

—Patrick, por favor, deben tener todo un ejército de agentes trabajando aquí.

—Pero son del otro bando. Este es tu caso y sé que lo puedes resolver solo.

—Es tu caso, Patrick, no el mío. Tienes que hacer algo, no tengo mis armas; necesito transporte, documentos, equipo...

—Eso es otra cosa. Por supuesto que alguien nos va a ayudar con la logística. He tenido que recurrir a viejas amistades, Brandon. Pero no te preocupes; todo está arreglado.

—OK, recuerda que no podemos mostrar estos pasaportes americanos. Necesitamos identificaciones bolivianas. Necesito mis armas; tú ya sabes cuáles. Necesito también una buena cámara de video, transporte terrestre y dos vuelos chárter.

—¿A dónde?

—Esta misma noche, a Santa Cruz y después a La Paz.

—No hay vuelos a La Paz.

—Por eso necesito un vuelo chárter. El aeropuerto está protegido, tú sabes.

—¿Algo más?

—Eso es todo

Patrick tardó aproximadamente una hora en ultimar los detalles. El viejo amigo al que había tenido que recurrir era un ex agente de la CIA con el cual había trabajado durante el gobierno del presidente Jimmy Carter, cuando él estuvo destacado en Bolivia, tratando de limpiarle la cara a la Agencia. Adrián Rodríguez tenía ya 57 años de edad, casi igual que Patrick, una familia y un negocio que no le permitían meterse nuevamente en el espionaje, aunque actuase del lado de la justicia. De jóvenes habían practicado el paracaidismo juntos y pertenecían a un grupo de pilotos civiles de Santa Cruz, con acceso al aeroparque que funciona en el viejo aeropuerto El Trompillo. Después de la partida de Patrick, Adrián había continuado trabajando en el rubro en la aviación civil. En ese momento era dueño de una flotilla de cinco avionetas de diferentes tamaños. Su negocio era prestarles servicios a las empresas petroleras, a los ganaderos y al público en general. El uso de avionetas es muy común en el vasto oriente boliviano.

—Acaba de partir uno de mis pilotos, pero él no sabe nada ni le interesa saber, ¿está claro?

—Por supuesto y gracias por todo, Adrián; es por una buena causa.

—Ni lo menciones —dijo Adrián y Brandon recién se dio cuenta de que ser progresista era probablemente un pecado en el círculo en el que se movía Adrián.

—¿Es de confianza el piloto?

—No te preocupes, ellos están acostumbrados a ser discretos —dijo y luego se despidieron con cordialidad.

Adrián no podía decirlo por no comprometerse políticamente, pero ambos sabían que pertenecían a la misma especie de seres humanos. Eran liberales de corazón; ese tipo de ser humano al que en oposición al conservador, se le hace tan difícil aguantar el *status quo*, que decide hacer algo con su vida para ayudar a generar un cambio hacia el progreso. Adrián y Brandon no se conocían personalmente, pero reconocieron sus conciencias y eso bastó para que se respetaran.

Después de un tiempo dando vueltas, Brandon le pidió a Rufino que se detuviera en algún lugar y que comprara algo para comer. Luego continuaron circulando por la ciudad hasta que Brandon le preguntó por las condiciones en que estaba su taxi. Quería proponerle que a cambio de un pago generoso, le sirviera de chofer para la operación de esa noche. Su única preocupación era que el vehículo se descompusiera en plena acción. Por fuera se veía bien, pero los daños eran enormes en el interior. Tenía grandes huecos en el panel de control y cables colgando por todos lados con varios empalmes que no eran de fábrica, a juzgar por la simple cinta aislante que los cubría.

—Nuevecito está, pero *transformer* es, pues —contestó Rufino, y después le explicó el origen de esos vehículos que tanto abundaban en Bolivia. Eran vehículos japoneses que habían sido fabricados con el volante a la derecha y que, después de cumplir su vida útil según la legislación de ese país, eran vendidos a los países pobres a precio de descarte. En Bolivia los importaban con avidez y utilizaban todo su ingenio para moverles el volante a la izquierda y hacerlos legales. Por supuesto, al lado derecho del panel quedaba el boquete donde originalmente había estado el volante. Brandon no tenía muchas opciones, por lo que decidió en ese momento realizar su primera operación encubierta en Bolivia a bordo de un *transformer* y con la única ayuda de un taxista boliviano.

—País pobre somos, pues, qué le vamos a hacer —dijo Rufino, y Brandon entendió que quizá la importación de material de descarte era la única forma en la que un indígena en Bolivia podía acceder a un vehículo motorizado.

—Igual, nomás, es con la ropa —añadió Rufino. Luego explicó que las donaciones norteamericanas de ropa usada eran también negociadas desde allá; que los comerciantes bolivianos las compraban por enormes fardos y las vendían por unidad en las calles a bajo precio.

Brandon escuchó con atención todas las explicaciones, mientras mataban el tiempo circulando por la ciudad. A la hora indicada, llamó al teléfono celular del piloto y este le contestó que estaba ya en tierra caminando hacia el portón lateral del aeropuerto por la zona de los hangares privados. No había un alma en esa zona y por lo tanto fue muy fácil encontrarlo. Lo llevaron unas cuadras hasta el centro de la ciudad y allí lo dejaron para que se entretuviera por un tiempo.

—Voy a comer algo por aquí —me llamas cuando estés listo.

—OK, en treinta minutos; máximo una hora —dijo Brandon. Al salir del taxi, el piloto dejó en el asiento un bolso negro de lona gruesa. En el interior, Brandon encontró un teléfono celular al que lo podrían llamar sus contactos en Bolivia, un par de binoculares con visión nocturna, una pistola calibre .45, un silenciador, tres cacerinas, dos cajas de balas y la cámara de video que había pedido.

Quince minutos después se acercaban, lentamente, a la casa del padre de Diego. Brandon distinguió claramente al vehículo sospechoso. Era una vagoneta con los vidrios oscuros estacionada a quince metros de la casa. Pasaron de largo, dieron una vuelta larga de cinco o seis manzanas para volver a la misma calle y estacionar el taxi una cuadra antes de llegar a la casa. Rufino bajó del taxi amparado por la oscuridad, cruzó la calle y caminó hacia la casa con el bolso de lona colgado al hombro. Al llegar a la casa tocó la puerta con naturalidad. Brandon vigilaba la escena con sus binoculares, desde una cuadra de distancia. Vio cuando alguien abrió la puerta, los gestos de la breve conversación y el ingreso de Rufino. Él le había dicho exactamente lo que tenía que decir.

Emily esperaba sentada al volante tratando, inútilmente,

de controlar su nerviosismo. Cruzó algunas palabras con Brandon hasta que quince minutos después, la puerta de la casa se volvió a abrir, Rufino salió y regresó sobre sus pasos. Brandon llamó de inmediato al piloto, indicándole que el momento había llegado, que se fuera al aeropuerto y que encendiera el motor de la avioneta.

Desafortunadamente, cuando Rufino pasó frente a la vagoneta, dos hombres bajaron y lo interceptaron. Brandon preparó su pistola y le dio instrucciones a Emily:

—Arranca y pasa a velocidad normal —dijo.

Emily puso el taxi en movimiento. Aunque este no tenía aire acondicionado, sí tenía los vidrios oscuros y eso resultó muy útil para la operación. Al acercarse a la escena vieron que le estaban vaciando el bolsón a Rufino, tirándole al suelo su colección de películas falsificadas que vendía a bajo precio. Mientras él reclamaba por los daños que le estaban causando a su mercadería, una señora de aproximadamente 40 años salió de la casa y caminó en dirección contraria. Al llegar a la esquina, dobló y desapareció de la escena. Brandon y Emily pasaron junto a Rufino justo cuando los agentes se estaban riendo del descaro o la inocencia de Rufino: vendía a domicilio versiones falsificadas de las películas más modernas de Hollywood. Mientras Rufino recogía sus DVD, uno de los agentes le daba un billete, quizá para terminar la situación en buenos términos. Tenía, en la otra mano, dos películas que no habían llegado todavía a los cines bolivianos.

Emily pasó de largo, dobló en la esquina para seguir a la señora y la alcanzó a media cuadra de distancia.

—Gracias, querida —le dijo, apresurada, al recibir el

sobre y continuó conduciendo hacia el lugar donde tenían que reencontrarse con Rufino. Quince minutos después, ella y Brandon se despedían de Rufino frente al portón de hierro del aeroparque.

—Esto es lo que te prometí —le dijo Brandon y le metió 500 dólares en el bolsillo de la camisa. Después se abrazaron los tres y se despidieron. La operación había sido un éxito. Los agentes de la CIA jamás sospecharon del taxi que pasó dos veces frente a ellos y nada le pudieron encontrar a Rufino.

La avioneta partió de inmediato y en cuarenta minutos estaban aterrizando en Santa Cruz, la ciudad de la cual Brandon había escuchado muchas cosas interesantes. "Es la Miami de Bolivia", le habían dicho; un departamento donde Estados Unidos había tenido éxito en promover su forma de vida y su cultura.

Les prestaron un vehículo por esa noche con la condición de que se mantuvieran escondidos hasta que les sacaran sus nuevas identificaciones y ellos pudieran alquilarse su propio vehículo. Aceptaron con gusto y Emily tomó el volante ya que ella conocía su ciudad natal como la palma de su mano.

Cruzaron la ciudad por el centro, desde el aeropuerto El Trompillo hasta la zona norte. Emily le iba explicando a Brandon ciertas cosas de la ciudad. Él se dio cuenta del atractivo al que se habían referido sus amigos. La ciudad era acogedora y el clima, excelente. En una amplia avenida de doble vía había locales de todo tipo con mesas y sillas que salían hasta la acera. Había diferentes tipos de restaurantes, discotecas, heladerías, pastelerías, bares, etc., etc. El ánimo de la gente era festivo y el nivel de consumo parecía ser comparable con el de Estados Unidos.

—¡Realmente esto es otro mundo! —dijo Brandon, asombrado.

Más de sesenta años atrás, la derecha estadounidense había empezado a construir su sociedad homóloga en el oriente boliviano, sobre la base de la fe religiosa que tenían en común. La ciudad se llamaba Santa Cruz de la Sierra; la avenida, Monseñor Rivero, y terminaba en un gigantesco monumento al Cristo Redentor. Los símbolos religiosos estaban por todos lados. "Sin duda alguna lo lograron", pensó Brandon.

El tráfico se paralizó súbitamente porque frente a ellos se detuvo un Hummer flamante del cual bajaba un grupo de chicas. Cuando Brandon las vio salir, no pudo evitar expresar su asombro. Parecían modelos europeas, todas de extraordinaria belleza y vestidas al último grito de la moda. Fue entonces que él reparó en el entorno de las chicas y se dio cuenta de que todos parecían ser de ascendencia europea. Aparentemente, la potenciación de Santa Cruz como polo de desarrollo había dado tan buenos resultados, que desde entonces había continuado interesándole a la migración europea adinerada, atraída por las enormes ventajas ofrecidas para la industria, la agricultura, la ganadería y la explotación de las riquezas forestales.

—Déjame adivinar, este es el bastión político de Gonzalo Sánchez de Lozada.

—Por supuesto, aquí da vergüenza decir que uno es de izquierda.

—¿Cómo?

—Te ven como inadaptado, tú sabes... como un ser inferior.

—Esta es en realidad la mayoría —dijo Emily, ubicando a Brandon en una realidad que él estaba ignorando. Frente a ellos, una mujer de apariencia indígena, con un bebé sostenido en el brazo izquierdo, detenía el tráfico con la mano derecha para que un lujoso carro pudiera salir del lugar junto a la vereda donde estuvo estacionado. Al pasar junto a ella, el conductor le dio una moneda. No era limosna sin embargo; ella y sus dos hijos menores trabajaban cuidando los carros estacionados en la calle. Brandon reparó entonces en la gente que prestaba los servicios: los meseros, los vendedores de cigarrillos y caramelos. Eran todos tan étnicos como Rufino, aunque con diferencias menores—. Esos son los verdaderos "cambas" —dijo Emily y luego explicó que antiguamente los estancieros utilizaban esa palabra como termino peyorativo, para refiriese al indígena oriental que le servía en forma gratuita. Después sin embargo se apoderaron de la identidad del camba, la promovieron y la prostituyeron al utilizarla para beneficio propio en las campañas electorales como si fuese ideología política.

—Me quieres decir que incluso esa mujer vota por la derecha?

—Exacto, aquí el que no es de derecha es considerado traidor a Santa Cruz. Aquí también se vive en ese estado de hipnosis colectiva al que se refiere Diego, votando en contra de sus intereses de clase y a favor de la minoría poderosa que ha secuestrado el poder.

Finalmente salieron del segundo anillo de la ciudad y siguieron conduciendo hacia la zona norte, entrando a un mundo más discreto pero igualmente activo. Estaban buscando los moteles que el piloto les había recomendado para pasar la noche hasta que les hicieran nuevas identificaciones. Les había explicado también que, en Santa Cruz, el concepto de motel era totalmente diferente al de Estados Unidos. "Son solo niditos de amor", les había dicho con picardía, quizá recordando sus aventuras en esos lugares.

A Emily no le gustó la idea de pasar una noche allí, pero comprendió que un motel era el único lugar en el que podrían pernoctar sin tener que exponer demasiado sus caras en el vestíbulo de un hotel. De todas maneras tendrían que mostrar por lo menos una identificación, pero eso se hacía solo por cumplir con la norma. Nadie le daba importancia a la verificación de los documentos y lo retenían solo para asegurarse de que el cliente no se escapara sin pagar la cuenta. Al igual que en la aviación civil, en los "niditos de amor", la discreción era parte elemental del negocio.

Emily tuvo dificultades para ubicarse en esa zona. Tampoco sabía cómo funcionaban los moteles por lo que esa noche terminó siendo una experiencia nueva para ambos.

—¿Son conejos en este pueblo? —preguntó Brandon, sorprendido porque pasaron por varios de los moteles y en todos había un movimiento demasiado intenso para intentar pasar desapercibidos. Finalmente decidieron ingresar a uno en el que había solo un vehículo delante de ellos. Al acercarse pudieron observar que el conductor del carro hablaba con la persona en la caseta de entrada, que permanecía en penumbras. Emily se detuvo detrás para esperar y cuando le tocó su turno había ya dos carros más detrás de ella.

—¿Cuántas personas? —preguntó el empleado, agachándose para verificar el número de ocupantes.

—Solo dos —contestó Emily, avergonzada.

—Su carné, por favor.

—Aquí tiene —dijo Emily, extendiéndole su pasaporte.

—¿Ya está libre la 32? —preguntó el portero por su radio

—*Toavía, puej*, oye, si no *somoj máquinaj*.

—La 18, a ver... 14, 30, cualquiera.

—La 30 *ejtá* lista —contestó alguien en la radio.

El portero puso el pasaporte en un casillero marcado con el número treinta, escribió el mismo número en una tarjeta y la metió en un reloj que imprimía la fecha y hora en números grandes.

—Aquí tiene; pase a la 30.

—¿Y mi pasaporte?

—Lo recoge a la salida.

Emily tenía ya su *ticket* en la mano, pero no sabía, en realidad, qué hacer.

—¿Por dónde? —preguntó, desconcertada.

—Apague la luz y siga nomás por la derecha; va a ver el número 30 iluminado y con la cortina abierta.

Emily siguió las instrucciones y, al ingresar por el callejón de la derecha, se sorprendió por la cantidad de habitaciones que tenía el motel. Había 22 habitaciones en ese lado y al doblar la esquina, la callejuela regresaba otra vez hacia la portería, por lo cual Brandon dedujo que había 44 en total, con un pasillo interno para el personal. Cada habitación tenía su garaje con muros altos y un tubo al final con una pesada cortina para cubrir completamente el vehículo allí estacionado. Al acercarse al número 30 recién se percataron de que había muy poca iluminación en el callejón. La luz de una linterna les hizo señas indicándoles el lugar. Brandon se sorprendió de lo organizado que estaba ese negocio. Al llegar se dieron cuenta de que un empleado estaba parado junto a la entrada y, sobre el muro de más de dos metros de altura, había un letrero de neón con el número 30 iluminado. Eso también indicaba que la habitación estaba vacía; los demás números estaban apagados. El vehículo ingresó al garaje y el empleado cerró la cortina a sus espaldas.

—Ya entró la 30 —lo escucharon reportar por la radio.

—Esto es una mina de oro —dijo Brandon, sorprendido. Emily después le explicó que, a diferencia de Estados Unidos, donde los jóvenes se van de la casa a los 18 años, en Bolivia todos viven con sus familias hasta terminar la universidad. No existían los moteles al estilo de Estados Unidos y los hoteles, aparte de ser muy caros, exigían identificación a todo huésped.

—Ya sé cuál va a ser mi negocio cuando me retire —dijo Brandon.

—No me gusta que se haya quedado mi pasaporte. Si vienen a investigar y nos descubren, nos matarían dormidos.

—No te preocupes. Recuerda que nos están buscando en Cochabamba —dijo Brandon y logró tranquilizarla.

Después de tomar una ducha y ordenar algunos refrigerios, leyeron de inmediato el primero de los dos capítulos que habían recuperado de los padres de Diego.

Después de su fallido golpe de estado, el Gral. Banzer salió exiliado a Argentina, desde donde se dedicó a establecer mejores alianzas para su siguiente intento. En primer lugar, pidió más apoyo a sus contactos en Estados Unidos. Hasta ese momento, Washington había cooperado con él con una infinidad de mecanismos discretos que no dejaban rastro de su participación. Sin embargo, ese tipo de apoyo encubierto no le había sido suficiente. Tuvieron que ayudarlo entonces, incluso físicamente, a organizar el golpe en Santa Cruz, un departamento de derecha donde él, por ser cruceño, tenía muchos amigos influyentes. Allí fue que el embajador norteamericano propició reuniones con el comandante de su fuerza aérea a cargo de las unidades del Comando Sur que operaban en Bolivia como parte de los programas de asistencia militar. A esas reuniones asistió Banzer, quien ingresó del exilio cuantas veces fue necesario, por supuesto, en vuelos nocturnos y clandestinos.

Con la certeza de que en la Casa Blanca el republicano Richard Nixon reconocería de inmediato a su gobierno, consiguieron también el apoyo de Brasil, país que llevaba ya casi dos años gobernado por otra de las dictaduras de extrema derecha impuestas por Washington en toda Latinoamérica. Los años de ese gobierno fueron después conocidos en la historia brasilera como los años del plomo de las dictaduras.

Internamente lograron el apoyo del MNR encabezado por el Dr. Víctor Paz, bajo la promesa de que el gobierno militar sería transitorio y de que luego de estabilizada la situación le abrirían el paso a los civiles. El golpe estalló al día siguiente y las acciones fueron dirigidas, como era de esperar, por las fuerzas de élite del Regimiento Rangers de

Santa Cruz. Otra vez los famosos Boinas Verdes entrenados y dirigidos por Estados Unidos, que habían capturado y ejecutado al Che Guevara.

Algunos estudiantes de la universidad estatal, leales al gobierno de JJ Torres, intentaron reunirse en la plaza principal, pero fueron disueltos tras la intervención de la Fuerza Aérea con vuelos rasantes de aviones de combate. Con ese apoyo, el grupo de choque de Banzer en Santa Cruz se abrió paso a fuego y metralla para recuperar la Universidad donde se habían parapetado algunos de los estudiantes de izquierda. Fue así que se consolidó el golpe en Santa Cruz.

En La Paz, por el contrario, algunos grupos de civiles lograron reaccionar en defensa de Torres y ofrecieron mayor resistencia, peleando en las calles por el control de la ciudad. Entre ellos se encontraba el ministro de hidrocarburos Marcelo Quiroga Santa Cruz, a quien le tocó empuñar su rifle y combatir en la zona de Miraflores. Hubo balaceras, muertos, desaparecidos, arrestados y, por supuesto, perseguidos.

Después de cuatro días de combate, las fuerzas golpistas lograron deponer a Juan José Torres, quien salió exiliado a Argentina. Finalmente hicieron aparecer a Banzer y lo pusieron en un avión militar —también "made in the USA"— para trasladarlo a la Ciudad de La Paz a que se sentara en el sillón presidencial y leyera su mensaje a la nación.

Ya en el gobierno, Banzer invitó de inmediato a expertos norteamericanos para que llegaran a Bolivia a trabajar en la redacción de una nueva ley de hidrocarburos y puso en marcha el plan regional anticomunista dirigido por Richard Nixon desde la Casa Blanca, iniciando así una época de terrorismo de estado con el arresto de cerca de 2000 disidentes.

En realidad, la izquierda latinoamericana fue exterminada durante esa década, primero mediante una represión abierta, pero luego con ejecuciones secretas y selectivas llevadas a cabo por profesionales del crimen. Lo hicieron mediante la funesta Operación Cóndor, una enorme operación encubierta apoyada por la CIA que estableció una red de inteligencia con base en Chile y que incluía a Argentina, Paraguay, Uruguay, Brasil y Bolivia. El objetivo era asesinar, incluso en el exilio, a los líderes de izquierda. Primero los ubicaban, luego los espiaban por un tiempo y cuando lo consideraban oportuno, enviaban sicarios, por lo general de otro país, para asesinarlos.

En Bolivia se instauró, en realidad, un estado de silencio con apariencia de paz que, a pesar de ser represivo y dictatorial, fue apadrinado por la derecha incrustada en la Casa Blanca en esa época. La paradoja estaba en que todos los dictadores latinoamericanos asesinaban a pedido de Estados Unidos, el mismo país que durante los gobiernos demócratas se mostraba como la esperanza del mundo, la meca de la democracia y de los derechos humanos.

Súbitamente reapareció en Bolivia la ayuda económica y aumentó aún más la ayuda militar. Como contraparte, el gobierno de Banzer tuvo que mostrar de inmediato a quién le pertenecía su lealtad. Respecto a la disputa pendiente por la indemnización que reclamaba la Gulf Oil, pagó alrededor de cien millones de dólares, monto que resultaba exagerado por concepto de los pocos activos fijos que se quedaron en el país. Era, sin embargo, otro escarmiento para que el país entendiera que no resultaba barato nacionalizar las empresas norteamericanas.

Después de la nacionalización de la Gulf Oil, la exportación del gas boliviano pudo haber sacado al país de su *eterna pobreza, pero ese parecía ser un privilegio al que los bolivianos no tenían derecho. Los "expertos" del Gral. Banzer difundieron el rumor de que esa nacionalización había sido un error del gobierno anterior. Con aquella campaña de desinformación, el pueblo fue preparado psicológicamente para tragarse, sin chistar, la nueva entrega de los hidrocarburos que habían instrumentado ya los expertos norteamericanos. A solo ocho meses de su posesión, Banzer promulgó su nueva reglamentación de la industria petrolera, otorgándoles privilegios a las transnacionales norteamericanas. Ese mismo año se firmó el acuerdo de venta de gas a Brasil en condiciones terriblemente desventajosas para Bolivia y se reinició la exportación de gas natural a Argentina, pero a través de las transnacionales norteamericanas Tesoro y Occidental.*

En el año 1974, el presidente Richard Nixon tuvo que renunciar después del escándalo de Watergate, el espionaje que hicieron en las instalaciones del Partido Demócrata en Washington, D.C. Asumió la presidencia Gerald Ford y nombró como vicepresidente al hombre que había asesorado a Nixon en materia de política exterior, especialmente en Latinoamérica: Nelson Rockefeller. Este era uno de los herederos del imperio petrolero que había estafado a Bolivia años antes; el hombre que había planificado el control del campesino, la promoción de la derecha, la corrupción de la revolución boliviana y el exterminio de la izquierda en el Cono Sur.

Incomprensiblemente, mientras Estados Unidos hacía florecer las economías chilena y brasilera, a cambio de que sus dictadores exterminaran a la izquierda, la derecha boliviana cometía los mismos crímenes y encima entregaba los recursos naturales de su país.

En ese sentido, Banzer fue internacionalmente reconocido por su plan de represión contra la teología de la liberación para silenciar a los miembros de la iglesia que desde el púlpito difundían una doctrina religiosa que promovía la justicia social para los pobres. Dichos religiosos eran, en cierto modo, un grupo disidente de la corriente oficial del Vaticano, que siempre estuvo del lado de la derecha. Eran, sin embargo, religiosos que habían visto muy de cerca el sufrimiento de los pobres y habían tenido el valor de disentir con el Vaticano e iniciar un movimiento por la justicia social. Banzer de inmediato reconoció en ellos un peligro para su estabilidad porque frecuentemente mencionaban en sus sermones y publicaciones la represión que él había mantenido tan secreta.

Después de que esos clérigos denunciaron otra masacre contra los trabajadores mineros en huelga en el año 1975, Banzer empezó una secreta operación represiva contra ellos. Utilizó información confidencial proporcionada por la CIA que incluía todos los datos personales de sus parientes tanto en Bolivia como en el exterior. Con toda esa información en sus manos, los agentes del gobierno boliviano extorsionaron a los clérigos en primera instancia, expulsaron por la fuerza a quienes no pudieron intimidar y asesinaron a los que lograron quedarse, como fue el caso del muy querido padre Luis Espinal.

Gobernando en realidad para Washington, Banzer tuvo que continuar comprando lealtad interna con dólares americanos, desatando así una ola de corrupción generalizada entre las fuerzas armadas. Otro acto notorio del gobierno de Banzer fue la protección que le dio a Klaus Barbie, el Carnicero de Lyon, quien dirigiera en esa región de Francia las masacres de la Gestapo durante la Segunda Guerra Mundial. Barbie había sido protegido también durante el gobierno de Barrientos, pero había sido descubierto en Bolivia por los cazadores de nazis. Banzer se negó a extraditarlo, pero de lo que nadie se dio cuenta en ese momento fue que, en realidad, él estaba haciendo el trabajo sucio de Washington y del Vaticano para que ambos pudieran mantener limpias sus inmaculadas imágenes internacionales.

Los archivos secretos de la CIA, revelan que durante la Segunda Guerra Mundial, el Vaticano organizó una operación clandestina que ayudó a escapar hacia Sudamérica, no solo a Barbie, sino a cientos de oficiales nazis. Les falsificaron documentos para cambiarles la identidad, les consiguieron pasajes de Alemania a Italia, de allí a Argentina o Chile y en el caso particular de Barbie, finalmente a Bolivia, donde fue contratado por la CIA para trabajar en operaciones de inteligencia "anticomunista".

Francia insistió varias veces en la extradición de Barbie y el caso se convirtió en un escándalo internacional, pero la determinación de Banzer fue inamovible. El pueblo boliviano no tenía ni la más remota idea de que, con el descrédito internacional de su país, Banzer estaba protegiendo la imagen de Estados Unidos, quien había contratado, en realidad, a Barbie y del Vaticano, quien lo había ayudado a fugarse de Alemania. Estas dos fuerzas tan poderosas mantenían amordazado al dependiente dictador boliviano.

En marzo de 1976 estalló en Argentina un cruento golpe militar que desató el infierno de los asesinatos y los desaparecidos, extendiendo los alcances de la Operación Cóndor. Los archivos de la CIA también revelan que, amparados en la oscuridad de la noche, los militares hicieron desaparecer a alrededor de 30 000 personas, arrojándolas vivas desde los aviones militares al mar o al río de la Plata. Por supuesto habían sido preparadas en la escuela de mecánica de la armada con grilletes y peso en los tobillos.

Uno de los efectos instantáneos de ese golpe fue que Banzer obtuvo el control sobre toda la oposición a su gobierno que vivía exiliada en Argentina, entre quienes se destacaban el presidente depuesto Juan José Torres y su ministro de hidrocarburos Marcelo Quiroga Santa Cruz, los dos hombres que habían tenido el coraje de resistirse a los abusos de la derecha norteamericana.

Ese año 1976 fue un año de elecciones en Estados Unidos. Era previsible que la política norteamericana tomara un giro hacia la izquierda que resultaría peligroso para Banzer en Bolivia. Después del desprestigio de Richard Nixon por el espionaje en la sede del Partido Demócrata, Gerald Ford y Nelson Rockefeller estaban terminando el periodo de cuatro años, pero se pronosticaba ya que los demócratas recuperarían la Casa Blanca. Eso traería consigo otra apertura democrática en Latinoamérica y el destape de los secretos de las dictaduras derechistas. Para evitarlo, Banzer tendría que ganar las elecciones, pero eso era poco menos que imposible. Le había mentido al pueblo diciéndole que su gobierno había sido el gobierno de la paz social, pero JJ Torres tenía en sus manos toda la información de sus asesinatos y sus represiones. Le había mentido al pueblo diciéndole que sus siete años de gobierno habían sido un periodo de progreso y de crecimiento económico, pero Marcelo Quiroga Santa Cruz tenía en su poder toda la información de sus crímenes económicos contra el país. Le había escondido al pueblo que su tan mentada prosperidad había sido, en realidad, ficticia; que al principio de su dictadura, los ingresos del país habían aumentado gracias a la nacionalización de los hidrocarburos hecha por Marcelo Quiroga Santa Cruz, pero que él se los había entregado nuevamente a las transnacionales norteamericanas, mientras el país cubría el déficit endeudándose con la banca privada internacional, contrayendo deudas con intereses cada vez más altos y con plazos de amortización cada vez más cortos.

Sin duda alguna, a Banzer no le convenía declarar una apertura democrática mientras los combativos líderes de la izquierda estuviesen dispuestos a regresar del exilio a desmentir su propaganda durante la campaña electoral. Consecuentemente, la oposición empezó a ser desmantelada cuando el ex presidente Juan José Torres fue secuestrado en Buenos Aires por las fuerzas irregulares en la "Operación Cóndor", en coordinación con el agregado militar de la embajada boliviano. Marcelo Quiroga Santa Cruz logró escapar y exiliarse en México, pero el Gral. Juan José Torres fue encontrado muerto, asesinado a balazos.

Como era de esperar, en Estados Unidos los republicanos perdieron las elecciones de ese año y en enero del año siguiente, un demócrata se posesionó de la Casa Blanca. A pesar de que la derecha radical aún gravitaba en el Congreso, el nuevo presidente Jimmy Carter logró cambiar el rumbo de la política exterior de su país. Al igual que John F. Kennedy, Carter era un pacifista que creía más en el diálogo honesto que en la fuerza, la coerción, el crimen y la metralla. Tenía planeado hacer de su país el líder mundial en la lucha por los derechos humanos, las negociaciones por la paz y la lucha contra la pobreza. En ese sentido, promovió la recordada apertura democrática en Latinoamérica y el Gral. Banzer se vio obligado a convocar a elecciones.

Durante el último año del gobierno de Banzer empezaron a asomarse los delitos escondidos de su administración y hasta se le vinculó con el narcotráfico. Aunque él se empeñó en negarlo, en Washington se sintió la preocupación porque, en esas condiciones, incluso el apoyo de los congresistas republicanos podría empezar a tener un elevado costo político para ellos. Atrapado entre el peligro del destape democrático y la presión de Jimmy Carter para que soltara las riendas del país, Banzer decidió realizar una falsa apertura de forma que en las elecciones no participara la izquierda en el exilio y pudiera ser electo su amigo, otro militar escogido, con el mandato de proteger los secretos de su gobierno.

—Esto es un círculo vicioso —dijo Brandon, al notar que los eventos históricos se repetían constantemente. Podían quedarse toda la noche comentando, pero estaban cansados y decidieron dormirse.

Al día siguiente, Brandon despertó al timbre del teléfono celular que le habían dado la noche anterior. Era Adrián Rodríguez, el ex agente que lo estaba ayudando como contacto extraoficial. Se saludaron y de inmediato Adrián le dio instrucciones para que fueran a sacarse el carné de identidad y la licencia de conducir. El problema fue que Brandon creyó haber escuchado mal las instrucciones.

—¿A dónde tengo que ir?

—A la policía.

—¿Estás bromeando? —insistió Brandon; no podía imaginarse siquiera entrando a las dependencias de la policía boliviana a sacarse una identificación falsa.

—No hay problema. Todo está hablado. Tienes que buscar al sargento Pedro Mamani. Él tiene ya los certificados de nacimiento y todo arreglado en el archivo. Dale doscientos dólares por todo.

A las once de la mañana, Brandon y Emily estaban siguiendo al sargento Mamani entre un tumulto de gente que hacía diferentes colas para un trámite que a simple vista era bastante largo. Mamani ya había hecho la "verificación" de archivos, por lo tanto lo primero que hizo con ellos fue tomarles personalmente las huellas digitales y hacerlos firmar. El único trabajo que no pudo realizar personalmente fue la toma de las fotografías, para la cual Brandon y Emily tuvieron que hacer la cola correspondiente. El problema era que con los nervios, Emily se había olvidado de su nombre ficticio, con el cual la llamaría el fotógrafo.

Brandon nunca había visto tanta gente circulando frenéticamente, subiendo y bajando por las escaleras en las instalaciones de dos pisos. Era un sistema que, a pesar del caos aparente, parecía funcionar, porque todos sabían perfectamente hacia dónde iban. Era solo Brandon quien estaba totalmente perdido y haciendo esfuerzos para seguir en la mente la ubicación de los policías armados que pasaban en todas direcciones. Afortunadamente Brandon fue llamado primero, con el nombre de Ernesto Zimmerman, y se sentó para que le sacaran la fotografía. Emily era la siguiente en la cola y eso le resolvería el problema de haberse olvidado de su nombre. Se preparó para pararse cuando llamaran a la siguiente persona, pero vio acercarse a una ex compañera de colegio y tuvo que agacharse para evitar el encuentro. Brandon también tuvo un incómodo contratiempo.

—¿Espero aquí? —preguntó inocentemente después de que le sacaron la fotografía. Había visto que otra persona estaba repartiendo los carnés ya laminados. El encargado de la mesa lo quiso acribillar con la mirada por haber hablado demasiado. Brandon se encogió de hombros, como pidiendo disculpas, pero se quedó parado allí sin saber qué hacer.

—¡Con Mamani, arréglate, pues! —le ordenó el gigantón y le dijo con la mirada que se perdiera de la escena de inmediato. Al salir encontraron al cabo Mamani subiendo con varios expedientes.

—Ya están los nuestros —logró decir Brandon al encontrarlo.

—Esperáme, nomás, en la calle —dijo Mamani y, en efecto, diez minutos después, el policía los encontró allí para entregarles sus flamantes carnés de identidad bolivianos. Tuvieron que repetir el proceso en el edificio contiguo y, una hora más tarde, tenían también sus licencias para conducir en todo el territorio nacional.

—No tienen cinta magnética —dijo Brandon al ver el reverso de los dos documentos.

Las licencias más recientes en EE. UU. eran como las tarjetas de crédito, con una cinta magnética que al pasarla por cualquier terminal del sistema de base de datos de la policía, revelaba todos los antecedentes criminales de esa persona y si estaba siendo buscada por alguna cuenta pendiente con la justicia en alguna parte del país.

—No creo que aquí exista siquiera ese sistema computarizado —dijo Emily, apuntando hacia la calle para que Brandon notara la forma en que trabajaba la gran mayoría de los policías. Estos caminaban en las calles, sin computadora y sin radio para pedir siquiera la información a la central.

—¿Para qué sirve esto entonces?

—Para hacer transacciones y que por lo menos quede el nombre registrado.

—Esto debe ser un paraíso para la delincuencia.

—La policía hace lo que puede, pero la gran mayoría de los crímenes quedan impunes —comentó Emily, recordando que los sicarios parecían ser extranjeros que llegaban solo para cumplir el contrato y después desaparecer—. Quizá es por eso que ni se cubren la cara para cometer sus crímenes —dijo. La preocupación se dibujó en su semblante, cuando recordó que estaban a punto de meterse nuevamente en ese círculo de criminalidad. Tenían que recuperar el sobre que estaba en manos de su madre y, esta vez, no solo tendrían que enfrentar a los agentes de la CIA, sino probablemente también a los sicarios de los narcotraficantes o ex narcotraficantes, quienes en cualquier caso seguían estando interesados en mantenerse en la impunidad.

—Deberían entregarse de una vez, ¿tú no crees?

—Por supuesto, ofrecer toda la información y hacer un arreglo para reducción de la condena. Eso es lo que yo haría en lugar de seguir aumentando mi deuda con la sociedad.

—Desgraciadamente, ellos piensan de otra manera —dijo Emily, temiendo que si ellos se enteraban de lo que Diego había escrito en su libro, harían cualquier cosa para impedir su publicación.

Capítulo X
Más crímenes y más impunidad

Emily conocía, por supuesto, la casa de su madre, pero de acuerdo a la explicación de Brandon, no podrían contactarla allí. Solo por el hecho de ser su madre había vivido ya mucho tiempo bajo la vigilancia de todas las partes interesadas en esconder la verdad. No atentaban contra ella, pero la habían amedrentado en varias oportunidades para hacerle saber que continuaban siguiéndole los pasos.

Después de analizar la situación, la ubicación de la casa y la actividad de Carmen, Brandon decidió esperar a que ella se encontrara en el centro de la ciudad, en algún banco u oficina pública adonde entrara para hacer alguna diligencia. Empezaron a seguirla a distancia a la espera de que entrara a algún lugar seguro donde los guardias armados en la puerta forzaran a los perseguidores a detener momentáneamente la vigilancia. Entre tanto, Emily tuvo tiempo de leer en voz alta el siguiente capítulo del libro de Diego.

Al Gral. Banzer le resultó imposible convocar a elecciones sin incluir a la oposición que aún quedaba viva en el exilio. Intentó hacerlo, pero las mujeres de los sindicalistas iniciaron una huelga de hambre que rápidamente derivó en un movimiento de protesta cívica en todo el país. Banzer tuvo que declarar una amnistía plena y permitir el reingreso al país de todos los líderes de la oposición.

El panorama para el plan de legitimación del régimen militar se tornó de pronto sombrío. Los dirigentes exiliados habían regresado ávidos de lucha y la recuperación de sus cuadros fue impresionante. Decidieron enfrentar unidos al oficialismo, creando una alianza encabezada por Hernán Siles, el gestor de la revolución del año 1952, quien se había separado ya del ala derechista del MNR cuando vio la metamorfosis que estaban teniendo.

El día de las elecciones fue otro día de vergüenza nacional para Bolivia porque hasta las 6 de la tarde, Siles estaba claramente a la cabeza en el conteo de votos. Horas después, sin embargo, se declaró ganador al amigo de Banzer, aumentándole los votos que necesitaba para pasar a Siles. No se dieron cuenta de la magnitud de la diferencia hasta que al sumar los votos de los dos candidatos, ¡resultaron haber muchos más votos que votantes registrados! Fue tan vergonzoso que ni el mismo General se atrevió a defender su "victoria". No encontró más alternativa que darle un golpe de estado al propio Banzer; su padrino. Así lo hizo y acabó con la pantomima electoral. Asumió la presidencia y prometió convocar a nuevas elecciones con mayores garantías de imparcialidad, pero cuatro meses después fue derrocado por otro golpe de estado. Era evidente que los militares estaban en aprietos porque no encontraban aún la forma de legitimar el régimen sin tener que entregarle el poder a la izquierda.

Fuertemente presionados por la opinión pública y por la auténtica vocación democrática de Jimmy Carter en la Casa Blanca, decidieron por fin retirarse a sus cuarteles para dejar que se posesionara el último Congreso elegido por el pueblo para que ellos condujeran las nuevas elecciones.

La euforia de los representantes nacionales actuando libremente en el Congreso fue una novedad tan grande en Bolivia que se decidió televisar las sesiones en vivo y en directo. Después de bochornosos enfrentamientos entre los partidos de la izquierda y la derecha, la renuncia del primer presidente provisional y un fallido intento de golpe de estado, se logró dar paso a la sucesión constitucional que nombró presidenta a la Dra. Lidia Gueiler. Fue ella quien convocó a las primeras elecciones con garantías de fiabilidad, después de la dictadura de Banzer. Las Fuerzas Armadas decidieron no presentar un candidato militar aunque apostaron por Víctor Paz, el ex presidente y líder del MNR que ya había demostrado ser, de entre los civiles, el más complaciente con las políticas de Estados Unidos. El Gral. Banzer había fundado también su partido político para representar a los mismos intereses y, de paso, tratar de lograr alguna representación parlamentaria que le permitiera negociar su defensa ante la inminencia del juicio de responsabilidades que exigía la izquierda.

Fueron diez los partidos que obtuvieron representación parlamentaria y, como era de esperar, ninguno de ellos logró obtener la mayoría absoluta del cincuenta por ciento más un voto requerida para ser elegido en forma directa. En esa oportunidad, sin embargo, los partidos grandes habían acordado no empantanar la elección del presidente en el Congreso para poder preservar el proceso democrático.

Hernán Siles obtuvo nuevamente la mayoría relativa, esta vez con cerca del 40% de los votos. El Dr. Víctor Paz obtuvo alrededor del 20% y se vio obligado a reconocer la victoria de Siles, asegurando que su bancada parlamentaria votaría por él en la elección final en el Congreso. El gran problema para la extrema derecha fue que el general Banzer solo había logrado obtener un 16%, que no le alcanzaría para aplacar eficientemente los embates de la izquierda en el parlamento. Eso provocó una ola de inquietud no solo entre su gente, sino también entre los congresistas republicanos en Washington.

El hecho de que la izquierda de Siles llegara a la presidencia gracias a los votos de la derecha, comprometía de alguna manera al Presidente a ser moderado durante su gobierno. Sin embargo, la derecha radical de Estados Unidos estaba preocupada porque en ese pacto de gobernabilidad, Banzer no había logrado incluir a la izquierda intransigente que quería juzgarlo. Ese pequeño bloque de la izquierda que no estaba comprometido de forma alguna en el pacto por la gobernabilidad, estaba ahora reforzado por el espectacular ascenso del nuevo Partido Socialista-1 de Marcelo Quiroga Santa Cruz, cuya popularidad estaba subiendo a niveles de estrellato gracias a sus combativas intervenciones en el Congreso que estaban siendo televisadas a nivel nacional. Quiroga Santa Cruz se había convertido en un verdadero incordio para la extrema derecha porque había demostrado su inquebrantable empeño por juzgar los crímenes de las dictaduras. Su partido había logrado obtener 10 diputados y un senador, bancada parlamentaria que, sin duda alguna, le resultaría suficiente para hacer escuchar su provocativo discurso en el parlamento e iniciar el juicio contra Banzer.

A la derecha norteamericana —aún representada fuertemente en el Capitolio— eso no le convenía porque esos crímenes habían sido cometidos con el apoyo y la complicidad no solo de la CIA y del Comando Sur, sino también de las anteriores administraciones republicanas de la Casa Blanca. Sabían perfectamente que la llamada década de las dictaduras en Latinoamérica correspondía a los ocho años de gobierno que se repartieron entre los republicanos Richard Nixon y Gerald Ford, este último con su vicepresidente Nelson Rockefeller.

Desafortunadamente para la democracia boliviana, durante el mes de julio de 1980, el presidente estadounidense Jimmy Carter estaba ya debilitado políticamente. Su primer periodo de cuatro años estaba terminando y su derrota era previsible, ya que la derecha había logrado desprestigiar su pensamiento. El presidente Carter había alejado al país de la política de la fuerza para adoptar la diplomacia. Lo había obligado a dejar la cohesión para iniciar una era de diálogo honesto, pero sobre todo, había abrazado como causa la defensa real de los derechos humanos, en lugar del control sobre otros países del mundo. La derecha, por lo tanto, lo había estigmatizado como débil y antipatriota, ya que, según ellos, la misión del Presidente era mantener la supremacía del país, defender sus áreas de influencia y expandirlas en otras regiones del mundo.

La extrema derecha boliviana estaba tan preocupada como la estadounidense porque la posesión del gobierno izquierdista de Hernán Siles era ya inminente. Sin embargo, la respuesta a esa preocupación en ambos países llegó, una vez más, mediante otro cruento golpe de estado. El gobierno constitucional de la Dra. Lidia Gueiler fue atacado por una combinación letal de los elementos más radicales del continente encabezados por el Gral. Luis García Meza y su mano derecha, el Cnel. Luis Arce Gómez, otro agente mimado de la CIA y graduado de la Escuela de las Américas. Dirigió las acciones del golpe encabezando una banda de viejos nazis, torturadores de las dictaduras argentinas, elementos de choque de la extrema derecha boliviana y hasta delincuentes comunes recién sacados de las cárceles, todos financiados por los más poderosos narcotraficantes del país. Entre los hombres claves de ese golpe se encontraba Roberto Suárez Gómez, el padrino del narcotráfico boliviano, quien aportó las armas y el financiamiento. Estaba además Klaus Barbie, aportando toda su experiencia como criminal nazi en la organización represiva.

Aproximadamente a las once de la mañana había medio centenar de dirigentes políticos reunidos en la sede de la Central Obrera, incluidos periodistas y observadores. En ese momento, ráfagas de metralla hicieron saltar los vidrios del edificio y empezó el pandemónium. La gente se tiró al suelo y algunos empezaron a arrastrarse entre los vidrios rotos de las ventanas, tratando de encontrar alguna forma de escapar. Sin embargo, fue inútil porque los paramilitares habían rodeado el edificio. Todos los dirigentes estaban desarmados, pero eso no impidió que los paramilitares ingresaran al edificio, haciendo un exagerado despliegue de agresividad. Disparaban ráfagas mientras avanzaban, hasta que en pocos minutos estuvieron frente al grupo de dirigentes tirados en el suelo y con las manos sobre la cabeza. Los respetables defensores de la democracia se encontraron, de pronto, mirando desde abajo a los caños humeantes de las armas automáticas de una banda de asesinos profesionales y delincuentes comunes.

Entre órdenes a gritos, disparos al aire, empujones y patadas, los paramilitares empezaron a sacar del edificio a sus prisioneros y a hacerlos bajar hasta la calle, formados en fila india. La mayoría de los dirigentes allí capturados fueron encarcelados o extraditados, pero los más combativos fueron humillados con saña, torturados hasta el cansancio y luego asesinados. Ese fue el destino del líder socialista Marcelo Quiroga Santa Cruz, quien fue identificado al bajar las gradas en la fila de prisioneros. Para evitar el trabajo de discutir con él, lo inhabilitaron con una ráfaga a corta distancia, por la cual cayó gravemente herido. Su cuerpo rodó algunas gradas y quedó tirado en la escalera, cerca de la puerta a la calle. Los paramilitares lo llevaron luego al cuartel del Estado Mayor del Ejército, donde lo torturaron en el intento de hacerle confesar dónde estaban las famosas pruebas que decía tener contra Banzer. Nadie sabe cuánto aguantó el honorable diputado nacional, antes de morir. Nunca se entregaron sus restos mortales, pero circularon varias versiones de cómo lo hicieron desaparecer.

Luego de instalarse en el Palacio, el dictador Luis García Meza implantó un estado de sitio permanente en todo el territorio nacional que incluía un toque de queda a las diez de la noche. A partir de esa hora, nadie estaba autorizado a circular por las calles, excepto los militares que cometían todo tipo de abusos contra los ciudadanos que eran sorprendidos tratando desesperadamente de regresar a tiempo a sus domicilios. Con esa medida, reservaron la noche entera para que circularan libremente los camiones del ejército conocidos como "caimanes" por su capacidad casi anfibia de cruzar los ríos. ¿La actividad que realizaban? Narcotráfico, según las denuncias que se conocieron después.

Siguieron pasando los meses y aunque la dictadura de García Meza fue severamente criticada por el presidente norteamericano Jimmy Carter, el dictador boliviano arengaba a sus camaradas de armas, recordándoles que nadie era eterno y mucho menos el presidente Carter: "Recuerden que tenemos el apoyo de la derecha norteamericana", dijo en una ocasión, ante el temor expresado por uno de sus colaboradores.

"Pero ellos no están en el poder", replicó el otro.

"En Washington también cambian los vientos", respondió sin poder disimular su complacencia.

Se refería, por supuesto, al republicano Ronald Reagan y a su compañero de fórmula George H. W. Bush, quienes ganaban ya en todas las encuestas de preferencias. No se sabe con certeza si los candidatos republicanos a la Casa Blanca le hicieron algunas promesas formales a los golpistas bolivianos. Existen, sin embargo, indicios que apuntan hacia esa dirección, como es el caso del apoyo ofrecido por la cúpula republicana anticomunista representada en el Congreso. El mismo Reagan era también un conocido anticomunista y, en cuanto a Bush, pues había saltado a la candidatura por la vicepresidencia después de haber sido director de la CIA, institución que, sin duda alguna, tenía relaciones con sus agentes en Bolivia, entre los cuales se encontraba el Cnel. Luis Arce Gómez, ministro del interior de García Meza.

En efecto, en noviembre, la fórmula republicana

Reagan-Bush derrotó categóricamente a Jimmy Carter y, en ese mismo momento, la política exterior norteamericana se orientó más que nunca hacia el control de los recursos energéticos del planeta. Lo hicieron basados en la vieja fórmula republicana de imponer en los países productores su presencia política, económica y militar. Durante los primeros meses de su presidencia, la CIA asesinó al presidente ecuatoriano Jaime Roldós, en defensa de las transnacionales que explotaban allí el petróleo, porque Roldós había resistido las presiones y se disponía a cambiar la ley reguladora de la industria.

En Bolivia, entre tanto, la dictadura continuaba matando gente en forma selectiva hasta exterminar literalmente a la oposición. En realidad, los únicos que se resistieron por un tiempo fueron los trabajadores mineros, pero fueron bombardeados por la Fuerza Aérea, rodeados con tanques de asalto y finalmente hechos prisioneros por el Ejército. Todo ese poderío bélico era norteamericano, acumulado durante casi tres décadas de reconstrucción de las Fuerzas Armadas bolivianas, desde la revolución del 1952 cuando el pueblo disolvió al ejército.

La extrema derecha norteamericana cumplió su promesa a García Meza. Cabildeó para que su gobierno fuese reconocido por ser anticomunista. Sin embargo, al dictador se le había ido la mano en sus desmanes y la prensa norteamericana empezó a destapar sus crímenes. La opinión pública empezó a definirse en contra de los dictadores bolivianos y eso complicó la posición de la Casa Blanca. La prensa empezó afirmando que el motivo principal del golpe de García Meza fue el miedo de los generales a perder los millones de dólares que les ingresaban procedentes del narcotráfico. Eso significaba que los militares bolivianos estaban ya *vinculados con el narcotráfico desde mucho antes del golpe de García Meza, coincidiendo con los rumores en ese sentido, desde la dictadura del Gral. Banzer.*

La DEA y el propio Departamento de Estado se vieron envueltos en la denuncia de la prensa porque después de haber sido mencionados como fuentes de la información, tuvieron que dar la cara y denunciar abiertamente los vínculos del gobierno boliviano con el narcotráfico y, además, el establecimiento de la red propia del ministro Arce Gómez.

La Casa Blanca se preocupó porque si se seguía destapando el escándalo podrían descubrirse incluso otros nexos con los militares bolivianos. Se publicaron otras pruebas contra el ministro boliviano Arce Gómez y el escándalo era ya mundial. Sin embargo, era obvio que él tenía aún influyentes partidarios en el gobierno de Estados Unidos porque tuvo la confianza de presentarse en Washington para defender públicamente su posición. El único periodista que le dio cobertura fue Mike Wallace, del programa "60 Minutes", quien le grabó una larga entrevista que luego utilizaría para contraponer, como ejemplo de cinismo, ante las pruebas contundentes aportadas por una comisión del Congreso.

En busca de apoyo político, Arce Gómez tocó las puertas de quienes le debían solidaridad, pero nadie le respondió ya que su presencia apestaba a asesinatos, torturas y narcotráfico. Lo habían apoyado quizá antes del golpe, pero nunca se imaginaron que su criminalidad llegara tan lejos y que fuese tan notoria. Nadie quiso aceptar que tenía relaciones con él y eso provocó que el "Ministro de la Cocaína" quedara totalmente solo, sosteniendo en sus manos todo el peso de su criminalidad.

En primer lugar se sintió traicionado por la CIA, agencia a la que servía con tanta lealtad. En segundo lugar se sintió traicionado por sus colegas militares de la Escuela de las Américas en la que había estudiado, pero, más que todo, por la derecha anticomunista norteamericana que le había ofrecido apoyo político para su golpe de estado. Al sentirse abandonado hizo un extremo esfuerzo por demostrarle al mundo que, a pesar del rol que le había tocado desempeñar en Bolivia, él era parte de una legítima ideología política nacida en Estados Unidos. Antes de marcharse del país quiso visitar en su despacho al senador Jesse Helms, el conocido radical anticomunista que aunque había fallado en conseguirle el apoyo de la Casa Blanca, mantenía su solitaria lealtad a la dictadura de García Meza.

Dos meses después de la visita de Arce Gómez se empezó a rumorear en Washington el reporte de Mike Wallace que se transmitiría en la próxima emisión del programa "60 Minutes". Los líderes republicanos se enteraron con anterioridad del contenido y le exigieron al dictador boliviano que destituyera a Arce Gómez antes de que el programa saliera al aire. Luego se emitió el esperado programa que hundió a la dictadura en el descrédito internacional. Curiosamente, el hecho de que el gobierno de Luis García Meza no haya sido reconocido internacionalmente no impidió que la banca internacional renegociara la deuda externa con él, capitalizando los intereses atrasados, sumándole nuevos intereses al monto obtenido y ocasionando una irresponsable multiplicación de la deuda externa. Fue recién la causal del narcotráfico denunciado por la prensa lo que obligó al gobierno de Ronald Reagan a pronunciarse en contra de los dictadores.

Aprovechando el rechazo de Washington, la Central Obrera en Bolivia inició el movimiento social de resistencia a la dictadura y, por primera vez en la historia, todos los sectores se acoplaron a su huelga, incluso hasta la Federación Nacional de Empresarios Privados. La medida fue acatada con tal rigurosidad que no había un alma en las calles y el miedo se sentía en el ambiente porque los vehículos militares circulaban sin encontrar la forma de sacar al pueblo de sus casas. Los dictadores estaban dispuestos a hacer valer el apoyo original que Estados Unidos les había ofrecido, aunque eso significara quitarles de una vez la máscara y exponerlos como cómplices. El gobierno de García Meza era ya, para los republicanos en la Casa Blanca, un monstruo de su creación que se les había salido de las manos. Fue recién en esas circunstancias que la DEA, intentando salvar su imagen, envió un enorme contingente de agentes encubiertos para "desmantelar", la operación que hasta ese momento habían estado encubriendo. Simultáneamente, la embajada norteamericana hacía nuevos contactos con los militares bolivianos para reemplazar al desprestigiado dictador, sin tener que entregarle el gobierno a la izquierda de Hernán Siles que había ganado las elecciones.

La prensa norteamericana había jugado un papel importante al desenmascarar, ante el mundo, a la dictadura boliviana. Lo que no se atrevieron a decir fue que la CIA había estado totalmente involucrada no solo en los crímenes de los militares sino, también, vinculada en oscuros intercambios de favores con los narcotraficantes de la época. Tampoco se animaron a decir que la lucha contra las drogas en Bolivia siempre estuvo a cargo de la DEA, que por lo tanto había sido con su venia que los militares bolivianos organizaron su red de narcotráfico y que los millonarios sobornos los incluían también a ellos. Nadie se atrevió a reconocer que cuando la derecha norteamericana no tuvo dinero para financiar sus operaciones encubiertas en Bolivia se apoyó en el narcotráfico para poder exterminar a la izquierda.

Había que esconder mucha carroña para mantener limpia la imagen de Estados Unidos, pero eso era siempre posible gracias a la existencia de un país tan desprestigiado como Bolivia, que asumía con una capacidad asombrosa todo lo malo de las operaciones conjuntas.

—Yo sabía algo de ese caso —dijo Brandon.

—Mira aquí, hay otro asterisco —dijo Emily, revisando la referencia que había marcado Diego para los archivos recibidos de la CIA. La historia que Brandon hilvanó con esos datos fue realmente escalofriante:

Durante el tiempo de Banzer, la DEA en realidad se dedicaba a encubrir el narcotráfico que financiaba a los militares. Por lo tanto, al llegar al Palacio la Dra. Lidia Gueiler, la DEA tuvo que retirarse cautelosamente de Bolivia para no ser descubierta encubriendo. El problema fue que quedó suelto Michael Levine a cargo de la DEA en Argentina y, siendo un renegado al que no le gustaba la corrupción de su agencia, trabajó en Bolivia con la fuerza antidroga de la presidenta Dra. Gueiler. Desoyendo a sus superiores, Levine infiltró al grupo del famoso rey de la cocaína, Roberto Suárez Gómez; le compró 1000 kilos de cocaína y le pagó dos millones de dólares con un supuesto cheque certificado que fue cobrado en un banco en Miami. Al salir del banco detuvieron a dos conocidos empresarios cruceños vinculados con el grupo de Suárez Gómez. Los metieron presos, pero que poco después fueron liberados para regresar a Santa Cruz y organizar el golpe de Luis García Meza, que derrocó a la Dra. Gueiler y asesinó, entre muchos otros, a Marcelo Quiroga Santa Cruz.

—Es todo un asco realmente... lo más extraño es que Roberto Suárez era ya un prospero ganadero, millonario, respetado y muy querido por el pueblo desde mucho antes de involucrarse en la droga.

—Quizá empezó a involucrarse por razones políticas. Aquí dice que era anticomunista.

—Bueno siempre apoyó a los políticos de derecha, eso es verdad.

—Eso lo convirtió en aliado y amigo de la CIA, ¿entiendes? Me atrevería a apostar que él fue cebado por un tiempo, después tentado a traficar con protección y, cuando se pudrió la cosa, pues abandonado a merced de la DEA.

—¡Waaoo!... se ve todo más claro —dijo Emily, aunque después guardó silencio por unos segundos. Había aún algunos cabos sueltos en esa historia, pero la imagen que se hacía ya visible era suficiente para entender gran parte de la misma.

Capítulo XI

La victoria convertida en derrota

Pensando en la operación encubierta que iba a realizar en Santa Cruz, Brandon logró alquilar una vagoneta de 8 cilindros con tracción en las 4 ruedas y vidrios ahumados. Esta era idéntica a las que las agencias de seguridad utilizaban en Estados Unidos. Si se encontraba con los agentes de la CIA, quería dar la impresión inequívoca de que él también estaba trabajando para la Agencia, aunque bajo diferente mando; que aunque ellos no lo supieran, la división interna era mucho más grande de lo que se pudieran imaginar.

Durante la noche, Brandon puso un transmisor debajo del carro de Carmen y al día siguiente él y Emily empezaron a seguirla a una distancia prudencial para poder conocer su rutina diaria. Brandon hacía el trabajo de agente encubierto, pero era Emily quien conducía el vehículo. Él, en realidad, no tenía ni la más remota idea de cómo circular en una ciudad que no conocía, donde todas las calles eran de una sola vía, sin semáforos y sin señalización alguna. Era simplemente la ley de la selva la que imperaba al conducir en Santa Cruz; pasaba el cruce de las calles, quien tuviese las agallas de acelerar para meterse primero.

Perdieron el día entero tratando de encontrar la oportunidad de hacer contacto con Carmen en algún lugar seguro. Cuando Emily llamó a su madre desde Estados Unidos le pidió que tuviese el sobre siempre en el carro, ya que lo iba a recoger en el momento menos pensado. Desde ese entonces, sin embargo, las cosas habían cambiado. La CIA había hecho hablar a Diego. Sabían ya que Carmen tenía ese sobre, por lo que ellos no podían volver a llamarla por teléfono para acordar una cita. Tenían que hacerlo con extremo cuidado porque, como siempre, el objetivo era recuperar el sobre sin poner en riesgo la vida del mensajero.

Durante el seguimiento, Brandon sacó su cámara fotográfica y empezó a tomarles fotografías a los carros sospechosos. Notó durante la mañana a un vehículo siguiendo a Carmen a distancia prudencial, el cual, sin embargo, desapareció al medio día. Cerca de las cuatro de la tarde notaron la presencia de una vagoneta, también con los vidrios ahumados, siguiéndola más de cerca. Brandon ajustó los lentes de su cámara, logró un acercamiento y tomó una nítida fotografía de la placa del vehículo. Poco después, el carro de Carmen se alejó del centro de la ciudad hacia una zona menos transitada. Emily no pudo ocultar su nerviosismo porque sabía que esa zona era más propicia para un atentado.

—Tranquila —le dijo Brandon, pero no le fue tan fácil tranquilizarla. En poco menos de 5 minutos no había ya vehículos alrededor y la vagoneta de los perseguidores aceleró para alcanzar al carro de Carmen.

—OK, acelera y alcánzala —ordenó Brandon, luego sacó su pistola, le puso la cacerina y la preparó para dejarla bala en boca.

En ese momento, Carmen se dio cuenta de que estaba siendo perseguida y trató de fugarse, provocando que la vagoneta delatara sus intenciones al iniciar una obvia persecución. Después de largos minutos de intentar fugarse, Carmen comprendió que tendría menos posibilidades en carretera libre, ya que sus perseguidores tenían vehículos más poderosos. Trató entonces de girar para dirigirse nuevamente hacia la ciudad, donde el tráfico y la gente podrían quizá hacer desistir a sus perseguidores. El efecto fue que tuvo que reducir la velocidad para detenerse en el único semáforo que había en esa zona. No lo hizo por respeto a las reglas de tránsito, sino porque se vio obligada a hacerlo: dos camiones cruzaban lentamente frente a ella.

La vagoneta se detuvo al lado derecho del carro de Carmen y el vidrio del conductor bajó completamente. Apareció el cañón de un arma corta apuntando en dirección al vehículo de Carmen, pero en ese momento llegó la vagoneta de Emily, con las cuatro llantas frenadas, pero deslizándose sobre el cemento de la carretera y produciendo el alarmante chirrido que siempre precede al impacto de un choque vehicular. Había frenado, es verdad, pero debido al nerviosismo lo había hecho demasiado tarde. El parachoques de su vagoneta golpeó a la de los perseguidores de Carmen y la hizo desplazarse por lo menos tres metros hacia el frente. Incomprensiblemente, el conductor sacó la mano e hizo una señal para que Emily hiciera un rodeo y continuara su camino.

—Tócale bocina y sácale fotos —dijo Brandon. Luego le entregó su cámara, salió del vehículo, cerró la puerta y desapareció de la escena. Emily tocó la bocina hasta que el hombre salió del vehículo a ajustar cuentas pistola en mano.

—Tú no te muevas —le dijo a Carmen, apuntándole con su pistola al pasar junto a ella. Tenía un acento extraño que Emily creyó relacionar con el idioma portugués. Era, sin duda alguna, un sicario, uno de esos asesinos profesionales al servicio del narcotráfico, cuya presencia en Santa Cruz era cada vez más evidente.

A medio camino hacia la ventanilla de Emily, el sicario se dio cuenta de que ella le estaba sacando fotografías. Su primera reacción fue de sorpresa porque jamás se había encontrado con una actitud tan desafiante. No tenía ni la más remota idea de lo que estaba sucediendo.

—¡¿Qué mierda estás haciendo?! —gritó y levantó el arma, pero en ese momento se percató de que Brandon lo estaba encañonando desde el otro lado de la vagoneta. Se dio cuenta también de que otros vehículos se acercaban ya a la escena y, sorprendido por las circunstancias, optó por esconder su arma bajo el cinto.

—¿Quién mierda eres tú? —preguntó desconcertado.

—Si te lo digo tendría que matarte y no puedo hacer eso ahora —contestó Brandon.

Había ya varios vehículos detrás de él, acercándose para curiosear. La posición en que estaba Brandon, con la pistola apoyada sobre el capó de la vagoneta, le permitía mantener su arma por unos segundos más fuera del alcance de la vista de los curiosos. Viendo que la situación solo podría complicarse, el sicario regresó de inmediato a su carro, encendió el motor y desapareció de la escena. Además de estupefacto, estaba preocupado porque era poco menos que insólito lo que tendría que informarle a su jefe: no solo había fracasado en su misión, sino que además le habían sacado fotografías y eso lo ponía en una situación extremadamente vulnerable porque no tenía ni la más remota idea de quién era Brandon y para quién trabajaba. Sin duda alguna, su jefe lo iba a hacer desaparecer de la escena por lo menos por un tiempo y en el peor de los casos, para siempre. Sus perspectivas no eran nada buenas.

Carmen seguía aún rígida en el asiento de su carro. Solo salió del estado de *shock* con otro impacto emocional del mismo modo intenso: la presencia sorpresiva de su hija, la cual había venido desde su vagoneta y la tenía ya abrazaba por algunos segundos.

—¿Qué es lo que contiene ese sobre, hija? ¡Por Dios! —le preguntó cuando al fin pudo hilvanar algunas palabras.

—Es sobre mi investigación —le dijo Emily en el oído, ubicándola de inmediato en lo que estaba sucediendo.

—Pero, hija, ¿no habías dejado ya eso?

—Sí, pero Diego me convenció de volver. ¿Tienes el sobre?

—Ese muchacho e' mierda; solo sirve para meterte en problemas, hija. Ya no deberías juntarte con él.

—¿Y el sobre, mamá?

—Aquí lo tengo —dijo y lo sacó de debajo del asiento. Emily lo agarró y abrazó nuevamente a su madre. Carmen quería llevarlos a su casa y, por supuesto, enterarse de todo lo que estaba sucediendo.

—No podemos, señora —le dijo Brandon y le explicó que, por su propia seguridad, era mejor que nada supiera. Le prometió que cuando todo terminara la irían a visitar con más calma—. Y recuerde, no sabe nada de su hija ni nos ha visto. Vaya a la policía y denuncie lo que acaba de sucederle. Diga que se detuvieron dos vehículos y nada más.

Desafortunadamente, él no le podía dar las fotografías porque habían sido sacadas en un momento demasiado oportuno para pasar por casualidad. La cámara, además, era tan sofisticada que podría delatar la presencia allí de la Agencia. Para no complicarle más las cosas con su presencia, Brandon y Emily decidieron tomar el sobre y regresar al motel sin hacer contacto alguno con la familia.

Brandon no pudo resistirse en el camino de regreso. Después de verificar que no estaban siendo seguidos por los sicarios, agarró el sobre de Manila, sacó el material que había enviado Diego y empezó de inmediato a leer el capítulo siguiente.

Después de poco más de un año, los militares bolivianos finalmente se retiraron a sus cuarteles y, en esas condiciones, se reinstauró el Congreso elegido en el año 1980, cuya posesión había sido impedida por el golpe de Luis García Meza. El MNR de Víctor Paz y la ADN de Hugo Banzer eran, claramente, los partidos políticos que representaban a los intereses empresariales y, por lo tanto, a la corriente ideológica de Washington. Sin embargo, ni siquiera uniendo sus votos alcanzaban al 40% obtenido por Hernán Siles. Tuvieron que admitir que la consolidación de la democracia tendría que empezar por el respeto a la mayoría relativa obtenida por la coalición de izquierda que había sido apoyada por los sindicatos. Aceptaron esa realidad con relativa confianza porque sabían que la izquierda combativa había sido literalmente barrida del escenario político durante las dictaduras de Banzer y García Meza. Habían sido asesinados el Gral. Juan José Torres y Marcelo Quiroga Santa Cruz, además de muchos otros dirigentes y militantes de la izquierda. A la nueva coalición de Hernán Siles, por lo tanto, solo le quedaba el apoyo solitario de la Central Obrera Boliviana.

Siles fue investido como presidente gracias a los votos de esos dos partidos de derecha, pero sabía que lo habían hecho solo por salvar el proceso democrático, no para ayudarlo a ejecutar su programa de gobierno. Apenas iniciado su periodo presidencial empezaron los reclamos de los diferentes sectores laborales, cuyas necesidades elementales habían sido largamente postergadas. Siles respondió a las demandas en la medida de sus posibilidades, pero las necesidades eran muchas y los ingresos eran magros debido a varias causas externas se que escapaban de su control. La primera era que el precio internacional del estaño había empezado a bajar en forma gradual, pero constante, en la bolsa de Londres y la segunda era la enorme carga de la deuda externa que habían dejado las dictaduras. En poco más de dos años el gobierno tuvo que pagar cerca de mil millones de dólares, de los cuales más de la mitad fueron por concepto de intereses.

A pesar de todo, Siles luchó contra el desempleo, aumentando las contrataciones públicas. También empezó a satisfacer las demandas salariales. Sin embargo, el país estaba obligado a seguir al pie de la letra la política económica del consenso de Washington, impuesta por Reagan mediante el Fondo Monetario Internacional y el Banco Mundial, entre sus diversos mecanismos de control económico. En ese sentido, Bolivia había pagado primero sus compromisos de la deuda externa, en dólares, por supuesto y había sido obligado a devaluar su moneda nacional para pagar, con la mitad del valor, su deuda interna con el pueblo boliviano. Los billetes se multiplicaron, se le pagó al pueblo con moneda devaluada y el salario real perdió más de la mitad de su valor. El pueblo protestó ante la medida y, desde los diferentes sectores, se inició una ola de huelgas que el gobierno trató de solucionar con el diálogo y, por lo general, aumentando nuevamente los salarios con moneda sin respaldo. Se agigantó, de ese modo, el círculo vicioso de devaluación de la moneda, aumentos salariales e inflación.

Paradójicamente, los sindicatos, que tanto habían luchado por la instauración de ese gobierno, se convirtieron en el más visible de sus enemigos. Resultaba extraño que la situación del país fuese un desastre, considerando que el Presidente había seguido al pie de la letra las recetas del consenso de Washington. Sin duda alguna había también un poderoso enemigo oculto que conspiraba constantemente contra Siles. Nadie se dio cuenta de la manipulación; estaban demasiado desesperados para entender que Washington era, antes que nada, anticomunista; que estigmatizara como tal a los gobiernos progresistas y que no tenía escrúpulos en utilizar la economía como arma de guerra contra el enemigo; que, de una forma u otra, los gobiernos de izquierda en Bolivia eran empujados al fracaso, para mantener la impresión de que el socialismo es siempre sinónimo de miseria.

—¡Dios mío, pero Bolivia no era ni comunista ni socialista, y mucho menos, enemiga de Estados Unidos! —exclamó Emily, deteniendo la lectura.

—Pero los republicanos son expertos en satanizar a la izquierda. En Estados Unidos pasa lo mismo; cada vez que algún demócrata intenta defender los intereses del pueblo, en contra de las ventajas desleales de las corporaciones, lo acusan de socialista y ahí termina todo intento de reforma. Hasta ahora siempre les ha funcionado porque allá, en la política, ser socialista es un pecado mortal.

—Tienes razón. Mira lo que han hecho con Cuba, con eso del embargo.

—Sí, eso es también una injusticia... Bueno pero eso es ya otra historia. Ok sigamos leyendo —dijo finalmente, ansioso por saber lo que había sucedido en Bolivia con el tan esperado gobierno de la izquierda.

A pesar de la presión en su contra, el gobierno del presidente Siles arrestó a Klaus Barbie, el criminal nazi a quien habían protegido las dictaduras anteriores. Lo extraditó de inmediato a Francia, donde fue juzgado por crímenes de guerra y sentenciado a cadena perpetua.

La situación siguió deteriorándose en Bolivia hasta desembocar en una inflación galopante que terminó convirtiéndose en una de las peores hiperinflaciones de la historia mundial. Para cubrir las dificultades económicas, la amortización de la deuda externa y la estabilización de la moneda, el Estado recibió nuevos préstamos. Acosado por la crisis económica y presionado internamente por una huelga general que llevaba ya 27 días, el Presidente se vio confrontado con

*una realidad poco menos que espantosa: se acercaba nueva-
mente la hora para la amortización de la deuda externa, dinero que su gobierno no tenía porque estaba metido de cabeza
en un enorme déficit fiscal.*

*En la Casa Blanca, la política de Reagan era la de for-
zar la salida de la izquierda por cualquier medio. Por lo
tanto, se le hizo saber al presidente Siles que en Washington
había ayuda y soluciones para la crisis boliviana, pero que
eran incompatibles con un gobierno populista. Fue una sutil
invitación para que el Presidente renunciara. En esas circunstancias de aislamiento, el presidente Hernán Siles decidió recortar, en un año, su periodo de gobierno y convocar de
inmediato a elecciones generales. La victoria de la izquierda
se había convertido en una derrota.*

*El país estaba sumido en una de las peores crisis
económicas de su historia y se había generado el consenso de
que el gobierno de la izquierda había sido un fracaso. Así
se entendió la gestión de Siles al ser juzgada por los efectos de la crisis económica, aunque muy pocos se detuvieron
a investigar sus orígenes. Haciendo omisión de las secretas
causas externas para el fracaso, la derecha culpó a los sindicatos, diciendo que habían obligado al gobierno a incremen-
tar los salarios más allá de lo posible, emitiendo moneda sin
respaldo y creando así la hiperinflación que sumió al país
en el caos. Tan cerca se diagnosticó la muerte del país en
manos de la izquierda, que a los "expertos" de la derecha
les resultó muy fácil "recetar", con urgencia, la aplicación
de la política económica neoliberal promovida por Reagan
desde la Casa Blanca. Totalmente doblegado por el peso de
esa realidad, el pueblo boliviano buscó al mejor candidato*

para aplicar el consenso de Washington y se inclinó por Hugo Banzer, dándole el 32% de los votos, seguido por Víctor Paz, con el 30%. Ambos eran hombres que habían probado ya sus lealtades a las administraciones conservadoras de la Casa Blanca, pero ninguno de ellos obtuvo el 50% más un voto. La tercera fuerza fue un partido de izquierda moderada —el Movimineto de Izquierda Revolucionaria— de Jaime Paz, el sobrino de Víctor Paz. Él obtuvo solo el 10% de los votos, pero habiendo sido reprimido por la dictadura de Banzer, prefirió darle sus votos a su tío Víctor. Luego, Banzer firmó también el pacto por la gobernabilidad y así se unieron las tres fuerzas de derecha, dándole al Dr. Víctor Paz más del 70% del poder parlamentario. Contrariamente a su antecesor, Paz no solo gobernó con absoluto respaldo interno, sino también con el respaldo de Estados Unidos, del Banco Mundial, y del Fondo Monetario Internacional; los cuales estaban de fiesta porque, después de mucho tiempo, en Bolivia los tres partidos más votados representaban a los intereses empresariales. Cabe señalar, en ese sentido, que incluso el MIR de Jaime Paz había reducido sus aspiraciones de reforma por encontrarse atrapado en la nueva corriente neoliberal impuesta por Washington. Tanto se había reblandecido, que la palabra "revolucionario" incluida en su nombre pasó a ser meramente decorativa.

La solución a la crisis boliviana llegó, por lo tanto, de Estados Unidos y se plasmó en un famoso decreto que cambiaba el modelo económico de capitalismo de Estado a capitalismo neoliberal, promovido por el ministro de planeamiento y coordinación, Gonzalo Sánchez de Lozada —sí, el hijo de Enrique Sánchez de Lozada, el famoso agente boliviano en

Washington, quien durante el gobierno de Gualberto Villa-rroel había funcionado más como agente americano para persuadirlo a diluir el contenido de su revolución en defensa de los intereses nacionales; el mismo hombre que después tra-bajó muy hábilmente con Nelson Rockefeller para destruir la revolución boliviana, convirtiendo al MNR en un partido de derecha y enseñándole a fingir que era progresista. El fla-mante ministro Gonzalo Sánchez de Lozada era ya multi-millonario gracias, principalmente, a sus negocios mineros.

"El país se está muriendo", dijo el presidente Paz, y acto seguido anunció las medidas adoptadas para la cirugía mayor: Se cambió el nombre y el valor de la moneda nacio-nal. Se estableció la paridad con el dólar norteamericano y el Banco Central estableció la Bolsa de Cambio para controlar el precio del dólar, que hasta aquel momento había estado flotan-do libremente, o más bien dicho, vapuleado libremente por los millonarios especuladores. Para detener la inflación se estran-guló el mercado de moneda nacional, limitando la capacidad de consumo que estaba teniendo el pueblo. Para dicho efecto, se congelaron los salarios, se subió el precio de los carburantes y se liberó el resto de los precios, incluidos los de los artícu-los de primera necesidad. Se alteró la relación obrero-patro-nal, eliminando la inamovilidad funcionaria para permitir el despido injustificado de los trabajadores a discreción de la par-te patronal. Se desprotegió nuevamente a la industria petrolera del país para que pudiera ser explotada por empresas extranje-ras y se empezaron a privatizar las empresas públicas.

En realidad, se había creado el marco legal para una amplia apertura al neoliberalismo propuesto por Was-hington. La llamada "Terapia de shock" estabilizó de inmediato la economía del país. El modelo había sido diseñado por Jeffrey Sachs, de la Universidad de Harvard y pasó, por lo tanto, a estudiarse alrededor del mundo como lo más brillante y novedoso en materia económica. Lo que nadie recordó, sin embargo, fue que tanto el control de la inflación como del déficit fiscal se apoyaron, en gran medida, sobre la espalda del pueblo, porque los trabajadores estaban con sus salarios congelados y el costo de la vida aumentó en un 150%. En ese momento, los trabajadores mineros eran el único sector organizado que quedaba con capacidad para ofrecer alguna resistencia a los programas del gobierno. Lo intentaron, pero Paz y Sánchez de Lozada utilizaron a su favor un desastroso acontecimiento para los países productores de estaño: el inexplicable y repentino desplome del precio internacional en la Bolsa de Londres.

Durante el gobierno izquierdista de Siles, los precios habían bajado en forma gradual, pero sostenida, habiéndose convertido en uno de los factores externos en su contra. En el gobierno neoliberal de Paz, por el contrario, el repentino desplome de la cotización a la mitad del precio fue utilizado políticamente a favor de Washington para desmantelar, de una vez y por todas, al sector minero, que históricamente había sido el detonante de toda reacción popular. Curiosamente, el desplome del precio fue originado por el colapso financiero de la Comisión Internacional del Estaño (ITC, por sus siglas en inglés), organismo encargado de la estabilización del precio del metal en la bolsa de metales de Londres. Creado con aportes de los países consumidores y productores, su función era la de equilibrar las fuerzas entre los países vendedores o pobres y los compradores o ricos, a fin de mantener los precios estables. Lo hacía, comprándoles el metal a los países productores cuando los consumidores dejaban de comprarles y evitaba así la caída del precio. Del mismo modo, vendía el metal cuando la demanda subía demasiado para cubrir la diferencia y evitar que los precios subieran por la escasez. Era la válvula reguladora del mercado.

Pero Estados Unidos no estaba muy contento con su labor porque los precios habían ido subiendo paulatinamente a través de los años, hasta llegar a $8,4 por libra en el año 1980. La subida era totalmente normal, cubriendo apenas la inflación, pero revelan los archivos secretos que Estados Unidos empezó a vender en forma agresiva, utilizando sus enormes reservas estratégicas para liberar al estaño del control de la ITC cuya labor, a su criterio, violaba las reglas del mercado libre. La ITC tuvo que endeudarse con los bancos para poder aumentar el volumen de sus operaciones hasta que llegó el momento en que colapsó. Los bancos se apoderaron inmediatamente de las reservas físicas del metal, las pusieron a la venta en la bolsa y saturaron aún más el mercado. En ese año 1986, el precio cayó a $3,83 por libra.

Los países pobres entraron en estado de pánico porque, como siempre, sus trabajadores mineros no podían dejar de trabajar un solo día. La bolsa de metales de Londres anunció que los precios, estando ahora flotando libremente de acuerdo a la oferta y la demanda, se mantendrían bajos por un tiempo indeterminado. El estaño es un metal que se cotiza en libra fina y Estados Unidos tenía en ese momento en sus galpones 120 000 toneladas métricas de estaño, presumiblemente boliviano, que continuó vendiendo en forma agresiva para evitar el eventual repunte de los precios. Las grandes industrias de los países desarrollados fueron las beneficiadas con esa crisis del estaño, pero los trabajadores mineros sufrieron en todo el mundo aunque en diferentes proporciones. En Inglaterra, por ejemplo, donde la minería se hace en mejores condiciones técnicas y de seguridad laboral, se subvencionó a la industria. Lo mismo sucedió en otros países donde se tomaron varias medidas proteccionistas. En Bolivia, por el contrario, los mineros estaban nuevamente azotados por el hambre, pero trataban de aferrarse con uñas y dientes al trabajo que antes les había parecido un infierno. Era lo único que sabían hacer y lo único que el país les había podido ofrecer durante varias generaciones. Estaban dispuestos a cualquier sacrificio a fin de seguir trabajando, pero la eterna esclavitud económica en que siempre vivió el país los volvió a condenar a la voluntad de Estados Unidos, del Fondo Monetario Internacional y del Banco Mundial.

Cuando el país solicitó en forma urgente un préstamo al Fondo Monetario Internacional para cubrir el bajón en los ingresos por las exportaciones, la respuesta fue un ofrecimiento por la mitad de lo solicitado, con la condición de que el gobierno cerrara, en forma definitiva, las minas más combativas del movimiento laboral.

El Comité Internacional del Estaño desapareció y el precio del metal jamás se recuperó, quedando, hasta el presente, sometido a las manipulaciones del mercado generadas por el poder económico de los países consumidores. Curiosamente. los principales países consumidores eran Inglaterra y Estados Unidos, justo los dos países que se habían beneficiado eternamente con el estaño barato de Bolivia.

La estabilización económica de Bolivia por vías

eminentemente monetarias fue conocida internacionalmente como el "milagro boliviano", pero, desde el punto de vista social, fue un desastre y una descomunal traición a los trabajadores mineros. Durante la Segunda Guerra Mundial, ellos habían sido el verdadero aliado de Estados Unidos e Inglaterra porque, aunque haya sido a la fuerza, sobrevivieron a la miseria y a las condiciones infrahumanas de trabajo para hacer posible la exagerada extracción de estaño a precios rebajados. Gracias a ellos era que Estados Unidos había acumulado una de las mayores reservas estratégicas del mineral.

Gran parte de los despedidos fueron relocalizados en las zonas bajas del país para ser convertidos en agricultores. Se les hicieron promesas de apoyo y en poco tiempo un gran contingente de ellos se encontraba viviendo a la intemperie, deambulando en el monte de las zonas fértiles del río Chapare, tratando de aprender a vivir del cultivo de la tierra. Quienes no se animaron a lanzarse a esa aventura prefirieron irse a buscar trabajo a la ciudad de La Paz para lo cual llegaron y se asentaron en la periferia, fundando así la ciudad de El Alto. El gobierno había logrado cerrarles las minas, pero no logró doblegarles el espíritu combativo ni la capacidad para organizarse. Algunos dirigentes sindicales intentaron protestar, pero el gobierno estaba preparado con un "novedoso" método de represión. Restringieron las libertades ciudadanas y arrestaron a los dirigentes sindicales, para luego confinarlos en grandes campos de concentración o de confinamiento ubicados en lugares tan inaccesibles como inhóspitos, en las profundidades de la amazonía boliviana. Los arrestos se hicieron al mejor estilo de las dictaduras: sacando a los dirigentes de sus domicilios pasada la media noche, de tal manera que la operación no saliera en los periódicos del día siguiente y el gobierno tuviese todo el tiempo necesario para terminar la operación antes de que empezaran las reacciones. Según los militantes del partido gobernante, ese plan político fue necesario para poder restablecer la autoridad del Estado sobre los trabajadores y eliminar el poder de los sindicatos sin tener que matarlos. Sin embargo, durante aquel gobierno, Estados Unidos tuvo otras intervenciones en el destino de Bolivia que lograron ser escondidas de la historia por algún tiempo. Los mineros relocalizados en los valles del Chapare habían empezado a cultivar la hoja de coca, producto que, además de ser sagrado para ellos, había aumentado en su valor comercial debido a la demanda generada por los fabricantes de cocaína.

Estados Unidos inició entonces la militarización de esos territorios en el marco de su llamada "guerra contra las drogas", que hacía en coordinación con las fuerzas bolivianas contra el narcotráfico. Se aprobó el ingreso de las tropas norteamericanas con inmunidad para sus actos. Se cambiaron, además, otras leyes para penalizar la hoja de coca y, en general, autorizar todo lo que fuese necesario para ejercer la represión. Poco después, la prensa denunció la llegada al país de helicópteros artillados norteamericanos, vehículos de transporte terrestre, armamento liviano y, al menos, 200 efectivos Rangers enviados por el Comando Sur.

Se dio entonces la paradoja de que la DEA tomó el control de la lucha contra el narcotráfico, pero lo hizo bajo el mando de la CIA porque el hombre fuerte de esa agencia, David Greenlee, estaba ya metido en la embajada, manipulando desde allí la política del gobierno boliviano. La idea era acertar un golpe espectacular al narcotráfico, interviniendo el mayor laboratorio de producción de clorhidrato de cocaína situado en una serranía, sobre la frontera cruceña con Brasil. Sin embargo, un día antes del asalto, la información fue filtrada hacia los narcotraficantes y eso provocó una tragedia impensable. Los ocupantes de la fábrica empezaron a desmantelarla en una desesperada carrera contra el tiempo. En esas circunstancias fueron sorprendidos por la llegada de una avioneta que aterrizó sin autorización en su pista clandestina. La paranoia generada por la culpabilidad solo les permitió pensar que sus ocupantes eran agentes encubiertos y los acribillaron en el acto. Después, el mundo se enteró de que se trataba de una misión científica española encabezada por don Noel Kempff Mercado, un renombrado biólogo boliviano cuya avioneta había aterrizado allí por error, casualidad o quizá por alguna emergencia mecánica.

El pueblo boliviano quedó sumido en el estupor ante la súbita evidencia de que horrendas actividades criminales se perpetraban secretamente en Bolivia. Ese incidente provocó una grave crisis dentro de la embajada norteamericana en La Paz porque ambas agencias empezaron a acusarse mutuamente de haber filtrado la información. De ahí se pudo deducir que la CIA había tenido en el pasado secretos acuerdos con Roberto Suárez Gómez, el antiguo Rey de la Cocaína y anterior dueño de dicha fábrica. Por otro lado, la DEA los tenía en el presente con El Sobrino, el nuevo Rey y heredero del trono. La extraña disputa entre las dos agencias norteamericanas parecía responder al hecho de que los acuerdos de la CIA con Roberto Suárez Gómez habían sido acuerdos de interés político debido a su firme posición anticomunista. La

DEA, por el contrario, tenía otros intereses en los acuerdos que habían hecho con El Sobrino. Le habían ofrecido protección para establecer su propio cartel. Desde tiempo atrás le habían dado todas las garantías para que produjera su propia cocaína en la zona del Chapare a cambio de información clave para desmantelar el cartel colombiano de Medellín, del cual su tío Roberto, era proveedor de pasta base y al cual también capturarían.

Como puede observarse, ya desde mucho antes del año 1981, tanto la CIA como la DEA habían sido corresponsables con las dictaduras derechistas de la potenciación del Chapare como zona productiva de hoja de coca para el narcotráfico. En el año 1987, sin embargo, tras relocalizar allí a los mineros, pasaron de inmediato a militarizar la zona y a llenarla de agentes encubiertos, satanizando a la hoja de coca como si fuese cocaína y culpando a los campesinos productores de la hoja como si ellos fuesen los narcotraficantes.

A raíz de las disputas entre las dos agencias norteamericanas se hizo obvio, para el ciudadano boliviano, que había en el país un peligroso submundo de acuerdos y desacuerdos entre los traficantes, la DEA, la CIA, los dos gobiernos y las Fuerzas Armadas encargadas de la represión del narcotráfico. Oficialmente, sin embargo, se negaba esa realidad, por lo que la vida en el país se vivía en dos mundos totalmente diferentes: uno oficial y pulcro en apariencia y otro corrupto en grado superlativo, además de peligroso. A pesar del pesado manto de encubrimiento que protegía esas actividades, los partidos de la oposición lograron conformar una comisión investigadora del poder legislativo y el diputado Edmundo Salazar Terceros se acercó temerariamente a la verdad.

—¿Ese fue el diputado cuyo asesinato escogiste tú para investigar? —preguntó Brandon.

—Exacto —contestó Emily y continuó leyendo.

El diputado declaró públicamente que su comisión había acumulado suficientes pruebas y que los parlamentarios de la oposición iniciarían el procesamiento contra varias personas.

—¡Wow! Tenía cojones el hombre ese.

—Por eso lo acribillaron en la puerta de su casa.

—¿Y qué pasó con las dos agencias involucradas en el escándalo?

—Se esfumaron. Los agentes literalmente desaparecieron, al igual que el embajador.

—¿Renunció el embajador?

—No tuvo tiempo ni de renunciar. Estaba tan asqueado por la degradación que había sufrido la función diplomática de su despacho a manos de las dos poderosas agencias de su país, que simplemente desapareció sin dar explicación alguna... OK, sigamos leyendo —dijo Emily y volvió al manuscrito.

David Greenlee, el hombre encargado de la CIA en Bolivia, quien hasta ese momento había trabajando en la embajada bajo el título de "ministro consejero", tomó entonces oficialmente el control de la embajada en calidad de embajador interino y radicalizó, aún más, la actividad represiva de la DEA contra los campesinos, lo que demostró claramente que esa agencia "antidroga", cuando estaba dirigida por la CIA, tenía un accionar mucho más político que policial. Se hizo nuevamente obvio en Bolivia que, cuando las embajadas norteamericanas son manejadas por la CIA, la diplomacia que generan es invariablemente la diplomacia del crimen: un accionar secreto que incluye encubrimiento a los narcotraficantes de derecha y un show espectacular de erradicación de las plantaciones de la hoja coca ante las cámaras; acción que incluye represión al campesino con asaltos armados en helicópteros artillados y fuerzas especiales.

En realidad, los mineros que fueron relocalizados en el Chapare durante ese gobierno neoliberal llegaron a esa zona mucho después de que esta fuera convertida en productora de hoja de coca con la clara protección de las dictaduras de derecha y del gobierno norteamericano. Lo hicieron poniendo al mando a la CIA, en busca del exterminio de la izquierda y ante la mirada pasiva de la DEA que fingía ignorar la operación. Sin embargo, cuando los mineros antiimperialistas se sumaron al cultivo de la hoja de coca, la embajada norteamericana hizo aprobar la erradicación forzosa y con ese pretexto empezó a reprimirlos. La respuesta de los nuevos campesinos fue organizarse en sindicatos como lo habían hecho antes en las minas. Así empezaron a resistir el atropello norteamericano y a proponer una sustitución voluntaria de las plantaciones de hoja de coca a cambio de apoyo para sus programas alternativos. La embajada norteamericana se opuso rotundamente a esa propuesta y promovió la incursión de "asesores" militares norteamericanos para asumir el mando de las tropas bolivianas antidrogas. Entre sus funestas intervenciones se destaca la masacre de Villa Tunari. Los campesinos se habían opuesto a la fumigación de sus campos con herbicidas y defoliantes para la erradicación masiva de los cocales, pero nada habían podido hacer para evitarlo. Decidieron, entonces, convocar a una manifestación que culminó con la toma pacífica de las oficinas donde se almacenaban dichos químicos. En esas circunstancias aparecieron los helicópteros norteamericanos que abrieron fuego contra la multitud, matando a doce personas y dejando un número mayor de heridos graves que quedarían inválidos por el resto de sus vidas. Entre las víctimas, había, como siempre, hombres mujeres y niños.

El desencanto con las políticas de Washington seguía aumentando en Bolivia, especialmente en el Chapare, donde crecía ya un verdadero movimiento de resistencia. Desde el Palacio de Gobierno, entre tanto, se había entregado ya el país a los grandes capitales extranjeros y estaba a punto de llegar la invasión de empresas transnacionales a tomar control de los negocios más rentables. El pueblo se daría cuenta del horrendo crimen económico y resistiría con una tenacidad asombrosa.

—Esto es una bomba de tiempo —dijo Brandon.

—Previsible además, ¿no es verdad?

—Sí pues. Es una historia que se repite constantemente.

Estaban a punto de leer el siguiente capítulo, cuando Brandon recibió una llamada telefónica de Patrick Conrad que precipitó un poco los acontecimientos.

—Te vas a La Paz esta misma noche —fueron sus primeras palabras, pero había en su voz algo que Brandon reconocía perfectamente: el mal escondido temor que genera en el ser humano la sensación de que una situación peligrosa se le está escapando de las manos.

—¿Está todo bien?

—Sí, no te preocupes.

—¿Qué pasa?

—Aquí parece que se le va dar luz verde a una de las otras operaciones alternativas que se han estado planificando.

—OK, ¿a qué hora partimos?

—Tienes tiempo de dormir un poco; tu vuelo sale a las 4:30 de la mañana. Adrián te entregará todo, pero hay un cambio, Brandon.

—¿Qué pasa?

—La chica se queda en Santa Cruz.

—No entiendo. Ella es la única ayuda que tengo; sin ella no puedo comprender esta historia.

—No se llevan a las mujeres a la guerra, Brandon, tú sabes... te va a estorbar.

—Yo no conozco La Paz, Patrick; la necesito, tienes que entenderlo. Además, ella es la que está terminando este trabajo.

—Por eso mismo, que lo termine en Santa Cruz. Hazme caso, yo sé lo que te digo.

Brandon sabía que técnicamente Patrick tenía toda la razón, pero su instinto le decía que debía llevar a Emily consigo. No quería admitir que quizá, en el fondo de su alma, empezaba ya a extrañar a esa pequeña mujer con la que había pasado los últimos días de su vida. No quería apresurarse a identificar el sentimiento, pero sabía que era algo que merecía ser explorado y analizado con más tiempo. En ese momento, simplemente no estaba dispuesto a abandonarla.

—No la voy a dejar a merced de esta jauría de lobos —dijo con seguridad, encontrando al fin una razón que Patrick podría entender.

—¿De qué estás hablando?

—Ella y su madre están siendo perseguidas no solo por la CIA y quizá la DEA, sino, además, por los sicarios del Sobrino.

—¿De quién?

—El Sobrino, tú sabes... el narcotraficante protegido, Patrick. Si la capturan a ella, perderíamos además toda la información.

Patrick guardó silencio por algunos segundos. Brandon finalmente había dado en el blanco y lo había obligado a reconsiderar.

—Está bien. Si es así la cosa, pues es mejor que te la lleves, pero recuerda, esta operación está subiendo de nivel. Tienes que concentrarte.

Le estaba diciendo, en pocas palabras, que los agentes y los sicarios simplemente cumplen órdenes y que quizá este caso tendría que resolverse a un nivel más alto.

—No te preocupes, yo me encargo.

—OK, ahora vete a dormir —dijo Patrick y cortó la llamada.

Brandon le informó a Emily de la precipitación de los planes y se fueron a dormir. A las 4:35 de la mañana estaban volando ya hacia la sitiada ciudad de La Paz. No necesitaron viajar en una avioneta porque Adrián había utilizado sus influencias para incluirlos en uno de los vuelos del puente aéreo que el transporte aéreo militar había organizado para abastecer de alimentos de primera necesidad a la ciudad de La Paz. En ese vuelo iba también personal de la Cruz Roja, medicinas, vituallas y personal de apoyo militar.

—Parece que vamos a la guerra —dijo Emily con discreción.

—No creo que estés muy equivocada —le contestó Brandon.

—Tengo un poquito de miedo.

—¿Tú? ¿Miedo? No me hagas reír —dijo Brandon y logró hacerla sonreír.

—¿Qué llevas ahí? —preguntó ella, tratando simplemente de distraer su mente. Emily se refería a otro bolso que Brandon había recibido antes de subir al avión; uno que parecía ser muy especial, enviado de parte de Adrián Rodríguez por encargo de Patrick Conrad.

—Más ropa y vituallas —contestó él y le guiñó el ojo con discreción. Brandon sabía perfectamente que no tenía necesidad de abrirlo en el avión. Era, sin duda alguna, el equipo que necesitaría para la operación que estaba a punto de encarar.

Capítulo XII
La invasión transnacional

Durante el vuelo, Brandon y Emily decidieron leer el último de los capítulos que había escrito Diego sobre la parte desconocida en Estados Unidos de las relaciones con Bolivia. La lectura fue como siempre reveladora.

Después del gobierno del Dr. Víctor Paz, le tocó el turno a su sobrino Jaime Paz, del MIR, quien definió el derecho de propiedad de los hidrocarburos adoptando el principio generalmente aplicado mundialmente. Según este principio, los hidrocarburos son propiedad del Estado, aunque sea la contratista quien los explote; por lo tanto, es el Estado quien cobra las divisas generadas por las exportaciones y le paga a la empresa contratista el porcentaje acordado para cubrir sus costos y sus utilidades.

En las elecciones del año 1993, el MNR presentaría nuevamente una candidatura a la presidencia pero, estando retirado ya Víctor Paz, su nuevo líder era Gonzalo Sánchez de

Lozada quien, conocedor de la importancia del indígena en Bolivia, se consiguió a uno de ellos como compañero de fórmula. El Llanero Solitario, le decía la oposición, en alusión a la vieja serie norteamericana en la cual el héroe era un "gringo" en su hermoso caballo blanco, que iba a todos lados con su indio que no hablaba. Con una campaña millonaria, dirigida por expertos norteamericanos, logró obtener la mayoría relativa de los votos, con 33,8% y accedió a la presidencia gracias al apoyo de los otros partidos de derecha. El movimiento indígena boliviano, sin embargo, marcó al vicepresidente como traidor, por haberse autonombrado representante indígena y por haberlo hecho para servir a los intereses del saqueo. Salió a relucir que los verdaderos apellidos del vicepresidente eran "Choquehuanca" y "Condori", pero que de pequeño, su padre se los había cambiado a "Cárdenas" y "Conde", para que pudiera esconder, de alguna manera, su origen indígena. Cárdenas se convirtió desde entonces en el nuevo símbolo del indígena traidor a su pueblo. Al iniciarse el periodo presidencial de Sánchez de Lozada, sin embargo, rápidamente quedó en evidencia que el vicepresidente indígena estaba allí solo como accesorio decorativo, ya que nunca pudo gravitar en la política.

Gonzalo había llegado nuevamente desde Estados Unidos con un plan ya definido bajo el brazo. Modificó nuevamente la ley reguladora del petróleo, estableciendo que el único hidrocarburo propiedad del país era el que estaba aún en el subsuelo y que las transnacionales pasarían a ser propietarias del producto desde que saliera por la boca del pozo. Al amparo de esa ley, el país fue literalmente invadido por transnacionales para acaparar el negocio como dueños del gas en todas las áreas de la cadena productiva.

Pasó luego a vender, también a empresas transnacionales de origen extranjero, enormes paquetes accionarios de grandes empresas estatales como los ferrocarriles, las empresas de telecomunicación, de electricidad, de aviación comercial y hasta de servicios de agua potable. Como era de esperar, esas transnacionales que tomaron control empezaron de inmediato a tratar de lucrar en el segundo país más pobre del continente. El pueblo sintió ese impacto como otro abuso extranjero y otra traición del gobierno boliviano. Se filtró la información de que el dinero recibido por la capitalización fue simplemente depositado en el Citibank de las Bahamas en lugar de ser reinvertido en la industria para multiplicar la producción. No fue necesaria mucha investigación para entender que, en realidad, se había vendido el 50% de las empresas estatales, sencillamente con la finalidad de entregarles el control a las transnacionales extranjeras ya que del otro 50%, el Estado también se desprendió porque fue transferido directamente al pueblo a través de los fondos de pensiones. Sánchez de Lozada estaba cumpliendo con el requisito impuesto por el consenso de Washington de acuerdo a su programa neoliberal, bajo cuyo concepto, toda actividad productiva debe estar en manos de capitales privados, sean estos nacionales o extranjeros.

En la industria petrolera, entre tanto, la venta no fue del 50% sino del total de la infraestructura. Para que el pueblo aceptara en silencio semejante atrocidad, corrieron cientos de millones de dólares y aparecieron, oportunamente, las opiniones profesionales de técnicos e intelectuales respaldando el despojo. Se firmaron aproximadamente 80 contratos con diferentes transnacionales, entregando de ese modo el 95% de la industria petrolera del país y haciendo virtualmente desaparecer a Yacimientos, la empresa nacional del petróleo.

Pasó el período gubernamental de Sánchez de Lozada y la economía boliviana seguía irremediablemente estancada. Los problemas sociales se agravaron y, en las siguientes elecciones, le tocó el turno en el poder al partido del Gral. Hugo Banzer, quien años antes había sido el responsable de la venta del gas a Brasil en términos desventajosos para Bolivia. Banzer vendió las últimas dos refinerías rentables del país, rebajando quinientos millones de dólares en el precio y generando una pérdida anual de cincuenta millones en ingresos. Se dice que en su último periodo como presidente, el General estaba en mayor contacto con su lado emocional, porque derramó lágrimas en el acto de entrega de las refinerías y comentó que le dolía el alma por haber tenido que venderlas, pero que había sido necesario.

En completa sumisión a las demandas estadounidenses y sin respaldo legal alguno, autorizó la erradicación forzosa de las plantaciones de hoja de coca. Los campesinos continuaron resistiendo, pero era una lucha desigual en la que terminó imponiéndose la fuerza militar. Luego, la embajada difundió ampliamente el "éxito" que había dado su programa piloto de erradicación y presionó a Banzer para hacerlo permanente al amparo de una ley que para ese efecto debería promulgar de inmediato. Banzer cedió a las exigencias de Washington y promulgó la famosa ley 1008 que penalizó en forma permanente a la hoja de coca como si fuese cocaína. Después, las tropas especiales de lucha contra el narcotráfico, financiadas por Estados Unidos, invadieron las tierras bolivianas, sometiendo militarmente al campesino. Tan concentrado estuvo Banzer complaciendo al Comando Sur y al "Zar" antidrogas, que tarde se percató de que durante su gobierno, la economía se desaceleró al grado que el crecimiento no pudo salir del punto cero.

Los conflictos sociales se exacerbaron, los bolivianos empezaron a emigrar en masa en busca de mejores condiciones de vida y en esos momentos, el Gral. Banzer fue diagnosticado con cáncer. Tan agobiado estaba por las circunstancias que renunció al cargo y se retiró a la vida privada para poder atender sus problemas de salud. Dejó el destino del país en manos de su joven vicepresidente, Jorge Quiroga Ramírez, otro boliviano criado y educado en Estados Unidos, quien continuó su línea de acción y, en el año que le tocó gobernar, se las ingenió para demostrar su lealtad a las transnacionales y ocasionar enormes pérdidas a Bolivia. Emitió un decreto por el cual liberó a las transnacionales petroleras de la obligación contractual que tenían de cumplir con inversiones mínimas en perforación o perder las concesiones. Privatizó, además, los oleoductos, las plantas de almacenaje y creó las empresas privadas mayoristas para remplazar a la empresa estatal Yacimientos hasta en el trabajo de distribución interna de carburantes. Jorge Quiroga firmó también cuatro contratos lesivos para los intereses nacionales con tres transnacionales petroleras sin haberlos hecho aprobar por el Congreso como lo establece la Constitución. Con el apoyo del embajador norteamericano embarcó al país en un espantoso negociado con el gas natural que, por su enorme desventaja para el mismo, prefirió mantener en secreto por lo menos hasta después de las siguientes elecciones.

Respecto a los campesinos productores de la hoja de coca en el Chapare, resistieron tenazmente el embate norteamericano en un movimiento en el cual surgió la figura del líder sindical Evo Morales.

"Vamos a seguir de pie, compañeros, luchando contra el abuso y la hipocresía del imperialismo que nos convierte a nosotros en culpables cuando todo el mundo sabe que son ellos, los ricos y protegidos, los que traen sus químicos para convertir la sagrada hoja de coca en cocaína. Con ese dinero han financiado dictaduras criminales en el pasado", dijo con mucha convicción. Su provocativo discurso empezó a escucharse en el exterior hasta que su causa captó grandes simpatías alrededor del mundo, especialmente entre las organizaciones sociales defensoras de los derechos humanos y del indígena en particular. Organizó a sus sindicatos en el Chapare para participar en las elecciones municipales y, al lograrlo, se dio cuenta de que tenía una gran capacidad de convocatoria. Conformó entonces un nuevo partido político que no tuviese ataduras más que con el pueblo y se lanzó a la política a nivel nacional.

Una vez a la cabeza de su partido, Movimiento al Socialismo, (MAS), Morales amplió su lucha de resistencia al imperialismo a otras formas de dominación que generaron aún mayores simpatías, incluso, en los altos niveles de la intelectualidad nacional e internacional.

"El mercado libre nunca ha sido libre, en primer lugar por las millonarias subvenciones de los países ricos a sus industrias y en segundo lugar porque está manejado por grandes mafias corporativas que, desde muchas instituciones, promueven este neoliberalismo que no es más que un modelo económico

diseñado para hacer dependientes a los países pobres e implantar una nueva forma de colonialismo. Ellos tienen mucho dinero y mecanismos de chantaje, pero nosotros seguiremos resistiendo, porque sabemos que es posible crear un modelo económico más justo y un mercado en el cual los protagonistas sean los pueblos y no las mafias", dijo, al lanzar su candidatura a la presidencia.

De inmediato su popularidad internacional se expandió como reguero de pólvora. En su país, por el contrario, no le resultó fácil convencer a todos los sectores sociales de que sus anteriores gobiernos habían sido traidores a la patria por someterse a los intereses imperialistas. La denuncia era demasiado grande para ser rápidamente asimilada por una nación que vivía en un estado de hipnosis colectiva a causa de la millonaria campaña propagandística de los intereses corporativos transnacionales. No era fácil para un indígena nacido en extrema pobreza enfrentarse, en las elecciones, a un empresario multimillonario apoyado no solo por George W. Bush en la Casa Blanca, sino también por el Banco Mundial, el Fondo Monetario Internacional, las Federaciones de Empresarios Privados y, en general, por los más poderosos grupos internacionales de poder.

A pesar de las obvias asimetrías en el balance de las fuerzas, en las elecciones presidenciales del año 2002, Morales obtuvo el 20,94% de los votos, perdiendo ante Gonzalo Sánchez de Lozada solo por el 1.52% y forzando, de ese modo, a que la elección del presidente se hiciera nuevamente en el Congreso. Ese histórico Congreso, sin embargo, no estaba ya integrado solo por burgueses de traje y corbata representando a un pueblo indígena. Estaba ya Evo Morales como diputado nacional, toda su bancada parlamentaria y otros dos grandes líderes indígenas representando a sus propias agrupaciones.

Empezaron las negociaciones en el Congreso para elegir al presidente y, ante el peligro de una alianza entre partidos de izquierda, Estados Unidos intervino abiertamente, amenazando con suspender la ayuda si el Congreso elegía a Morales.

De ese modo llegó por segunda vez a la presidencia Gonzalo Sánchez de Lozada y el neoliberalismo se impuso nuevamente en Bolivia. Los intereses petroleros transnacionales tomaron control del Palacio de Gobierno como lo habían hecho un año antes en la Casa Blanca. Era previsible, por lo tanto, que trataran de imponer el saqueo, que el pueblo boliviano resistiera y que se desatara una nueva guerra por el gas.

Capítulo XIII

La guerra del gas

Emily terminó de leer el último de los capítulos que había recuperado de su madre. Asentó los papeles sobre su regazo y respiró profundo, como enganchando la historia descrita por Diego con el presente que estaban a punto de enfrentar. Sánchez de Lozada había gobernado ya poco más de un año y le había dado luz verde al contrato para la venta del gas firmado por el anterior gobierno con Pacific LNG, la empresa que pretendía exportar el gas a México y a Estados Unidos. Sin embargo, al intentar aprobar el contrato en el Congreso, la oposición había pedido conocer los detalles y de ese modo se había destapado la evidencia de que era un contrato leonino. Evo Morales lo había denunciado, desde las gradas del Congreso, como un horrendo crimen económico que había sido fraguado a espaldas del pueblo. Las organizaciones sociales se habían enardecido y habían marchado sobre la ciudad de La Paz. Gonzalo Sánchez de Lozada había ordenado la represión y se había desatado el infierno.

Emily se dio cuenta de que estaba llegando a la sede del gobierno en un momento histórico. La Paz estaba en llamas otra vez y el desenlace del conflicto podría llegar en cualquier momento.

—Está incompleto, ¿no es verdad? —preguntó Brandon.

—Estamos en la batalla final —contestó Emily.

—La cual tú vas a tener que cubrir —dijo Brandon, sorprendiéndola.

—¿Cómo?

—Tú vas a tener que terminar el libro. Al llegar vamos a comprarte una computadora portátil y un escáner. Tienes que poner todos los capítulos en orden, en forma electrónica y en un solo archivo, para tenerlo listo.

—Puedo armar el libro, pero escribir por Diego... no creo que pueda.

—Sí puedes y esa será nuestra arma secreta. La Agencia ha hecho hablar a Diego y saben que el trabajo quedó inconcluso. Los vamos a sorprender si aparece terminado y en forma digital, para ser diseminado por el mundo entero a través del Internet.

—Está bien —contestó Emily finamente, aceptando el reto.

—Parece que ya estamos llegando —dijo Brandon, acercándose a una de las ventanillas del avión.

La experiencia de la llegada fue un impacto emocional bastante fuerte para ambos. Estaba amaneciendo y, rodeada por las nieves eternas de los picos nevados, se veía la hondonada de la ciudad de La Paz. Parecía un tajo abierto a capricho en la meseta del altiplano. Las luces, todavía encendidas, eran compactas blancas y brillantes al fondo de la hondonada, dibujando una ciudad angosta y alargada. Sus áreas periféricas, por el contrario, parecían menos afortunadas. Las casas sobre la ladera de la montaña parecían pegadas a la roca, desafiando la ley de la gravedad. Las luces también subían hasta esos barrios, pero eran más amarillentas, menos brillantes y bastante dispersas. Una lucecilla amarillenta en cada esquina formaba un submundo marginal, solo cortado con autoridad por una línea luminosa que subía serpenteando desde la hondonada hasta llegar a la ceja del altiplano para luego meterse al Aeropuerto Internacional de El Alto. Era la autopista, cuya presencia sobresalía imponente entre la neblina y las pocas luces amarillentas de esos barrios deprimidos.

Cuando la ciudad de El Alto apareció súbitamente ante ellos, estaba tan cerca que pudieron ver hasta el movimiento en las calles: barricadas de piedra en varios puntos de bloqueo, gente reuniéndose apresurada y otros agregando leña a las fogatas.

Afortunadamente Brandon y Emily fueron transportados, sin problema alguno, como parte de la caravana custodiada que bajaba las provisiones y vituallas hacia la ciudad de La Paz. Se alojaron en un hotel de El Prado y, por razones de seguridad, tuvieron que tomar una sola habitación, aunque con camas separadas. Salieron de inmediato a una tienda de aparatos electrónicos que encontraron en la misma avenida del hotel. Allí compraron la computadora y el escáner que necesitaban. Emily sugirió comprar también una cámara de video para que ella pudiera grabar su propio material. Brandon estuvo de acuerdo y así lo hicieron.

Regresaron al hotel y, mientras Emily se encargaba de acomodar su computadora en la mesa que servía de escritorio, Brandon le instaló el scanner. Después se fue a la cama con el control remoto. Las noticias le parecieron confusas porque se escuchaban voces apoyando a ambos lados, algunas, incluso, con más énfasis en el apoyo al gobierno. La resistencia de los movimientos sociales se radicalizaba, eso era verdad, pero este parecía ser un movimiento tan espontáneo como desorganizado, sin una cabeza visible que le sirviera de portavoz para contrarrestar el discurso planificado del gobierno. Aparecían declaraciones de varios líderes indígenas, cada uno con sus propias razones para oponerse al gobierno.

—Es una pena —comentó Brandon— por que todo hubiese sido mucho más fácil si todas las fuerzas estuviesen unidas y reclamando al unísono. Brandon empezó a cambiar los canales en busca de los diferentes ángulos de la noticia, pero fue finalmente en una radioemisora extranjera que pudo escuchar una versión afín a los movimientos sociales. La radio emitía diferentes declaraciones de la comunidad internacional y Brandon se dio cuenta de que, a pesar del caos aparente, la figura de Evo Morales era más respetada en Europa que en Bolivia y, por supuesto, mucho más que en Estados Unidos, donde solo era conocido por cocalero.

Desde Europa, el portavoz de una organización defensora de los derechos de los indígenas decía que en ese momento Bolivia era el principal campo de batalla contra el imperialismo y que el mundo entero estaba a la expectativa del desarrollo de los acontecimientos.

—Parece que es Morales el hombre clave —comentó Brandon.

—Escucha esto —dijo Emily quien, además de escuchar las noticias, había estado buscando información en el Internet.

—¿Qué cosa?

—¿Sabes por qué es tan combativa la ciudad de El Alto? —le preguntó.

—¿Porque fue fundada por los mineros que fueron despedidos?

—No solo por eso sino además porque esa ciudad nunca estuvo en los planes del gobierno.

—Una ciudad satélite —dijo Brandon, tratando de ponerlo en términos simples.

—Sí, pero era un terreno inhóspito. Imagínate en el techo de La Paz, a 4000 metros de altura sobre el nivel del mar y en una planicie, sin protección alguna de los vientos.

—Debe hacer frío allí.

—Es invierno en el verano y, en el verdadero invierno, las temperaturas son bajo cero grados centígrados.

—¿Por qué se asentaron allí, entonces?

—Porque no había adónde ir. Además creció en forma explosiva porque allí fueron llegando los mineros y gente de todo el altiplano que querían intentar vivir en la ciudad de La Paz.

—¿Cuánta gente vive allí?

—Bueno, ahora ya son más de medio millón, pero en gran medida sigue siendo un pueblo grande de calles polvorientas, sin asfalto, donde la mortalidad infantil es muy alta.

—Siempre son los niños los primeros en caer.

—Imagínate que mueren por simples diarreas o enfermedades respiratorias... Pero volviendo a la pregunta, ¿ya te imaginas la respuesta?

—¿Cómo?

—¿Por qué es El Alto tan combativo?

—¡Ah!, ¿porque la vida es muy dura?

—No señor, porque al no estar originalmente en los planes del gobierno, la gente tuvo que organizarse en juntas vecinales para construir sus calles y sus servicios públicos con recursos propios. Después se enojaron y empezaron a protestar contra los gobiernos de turno, para exigir uno a uno, los servicios públicos.

—Con razón —dijo Brandon, entendiendo, por primera vez, los comentarios que había escuchado en Santa Cruz de que los alteños eran bloqueadores profesionales.

—Hasta el día de hoy, muchos barrios siguen sin algunos de los servicios básicos como agua potable, electricidad, alcantarillado, asfalto o recogida de basura.

—¡Ven... mira esto! —dijo Brandon con tono de urgencia. Emily dejó la computadora y fue, apresurada, a sentarse en la cama para poder ver la pantalla del televisor. Se estaba reportando, con imágenes tomadas desde un helicóptero, que la ciudad de El Alto estaba más que nunca en pie de guerra; que la situación se había tornado peligrosa porque los alteños finalmente habían sitiado la planta de almacenaje y distribución de carburantes, en un acto simbólico de recuperación de los hidrocarburos. La multitud se apretaba contra la reja metálica de la planta y sobre la malla de contención que se estremecía ya ante la presión.

El conflicto se agravaba, pero Brandon no entendía la

efectividad que pudieran tener esas protestas si el gobierno ya les había entregado legalmente el país a las transnacionales. Esas corporaciones eran las dueñas del gas boliviano y el enorme poder que tenían en el gobierno les daba la seguridad de que el pueblo ya nada podría hacer, con sus protestas, para revertir la situación.

Horas después había en los puntos de bloqueo estudiantes universitarios, vecinos de diferentes barrios y campesinos marchando abrazados contra los efectivos de la Policía Nacional. El pueblo parecía condenado a ser nuevamente el perdedor en ese desigual combate, pero eso cambió cuando empezaron a llegar los trabajadores mineros, en camiones repletos, a reforzar los bloqueos con su enorme capacidad de resistencia.

La causa del pueblo era justa desde todo punto de vista, pero, en Estados Unidos, la prensa parecía interpretarlo de otra manera. "Inestabilidad política en Bolivia pone en riesgo el proceso democrático y preocupa a los inversionistas extranjeros", era la forma en que se presentaba la reacción del pueblo, como si los capitales extranjeros estuviesen creando allí fuentes de trabajo y el pueblo, en forma irracional, hubiese decidido luchar contra su propio progreso al atentar contra sus fuentes de trabajo. Se publicó la fotografía de una esquina bloqueada en pleno centro de la ciudad de La Paz: piedras amontonadas a modo de barricada, llantas y muebles ardiendo en llamas, gente protestando a gritos y los carteles con frases que la prensa calificaba como antiamericanas.

"Gringo cabrón".

"Yanqui, hijo de puta".

"El gas es nuestro, carajo".

Al día siguiente, bien temprano, Brandon y Emily decidieron ir a esa esquina para ver de cerca los escombros del bloqueo del día anterior. Para su sorpresa, la esquina seguía bloqueada no solo con barricadas y fogatas, sino también con gente protestando. Eso les sorprendió porque no se imaginaban cómo hacía la gente para aguantar protestando durante tanto tiempo. Concluyeron que quizá se turnaban, haciendo algún tipo de vigilia durante la noche o, simplemente, que al día siguiente volvían a tomar control del lugar desde la madrugada. Emily estaba ya grabando con su cámara de video. Se acercó un poco al grupo de gente, tratando de escuchar los reclamos que hacían, mientras Brandon le cubría las espaldas a mediana distancia, empuñando su pistola en el bolsillo de su chamarra. En ese momento vio llegar a dos equipos móviles de la prensa con las fuerzas policiales antimotines. Fue hacia Emily y la jaló del brazo para sacarla hacia atrás de la multitud.

—No es tu pelea, Emily... por favor —le decía mientras trataba de alejarla del lugar.

—Es importante, Brandon. Quiero ver cómo es que la prensa cubre la noticia —dijo ella, un poco molesta.

—Ya sabemos que la fabrican, Emily, pero es peligroso estar aquí. Te aseguro que hay agentes encubiertos del lado de los policías.

Emily jaló su brazo para desprenderse de Brandon, por lo menos para caminar por su cuenta, aunque siguiéndolo de mala gana.

—Si te sirve de consuelo, recuerda que en Estados Unidos sucede lo mismo —dijo Brandon y después caminaron en silencio por largos minutos.

—¿Podemos quedarnos aquí... por lo menos? —preguntó ella, sentándose en una jardinera de la plaza San Francisco, a media cuadra del punto de bloqueo. Al quedarse ella estática, Brandon tuvo que volver a alejarse un poco para ponerse en una posición menos visible. El sicario que los había visto en Santa Cruz quizá no era un simple sicario, sino un agente encubierto de la CIA. En ese caso, ya no tenía sentido mantener sus disfraces. Emily se había quitado la peluca y él se había quitado los bigotes. Estaban más expuestos y por eso Brandon permanecía atento a cualquier movimiento sospechoso. Sin embargo, estaban en la ciudad de La Paz, en una operación totalmente distinta en la cual la Agencia quizá no esperaba que ellos intervinieran. No sabían con certeza si allí habría agentes buscándolos. Era muy poco probable, pero él no podía multiplicar el riesgo quedándose junto a Emily ofreciendo un blanco estático. Ella estaba totalmente abstraída de su entorno grabando las acciones con su cámara. Brandon, por el contrario, observaba desde su punto de vigilancia todo lo que sucedía alrededor de Emily. Como lo había anticipado Patrick, la presencia de Emily le estaba dificultando el trabajo. Tanto se preocupaba por protegerla y tanto se separaba ella de él, que le agrandaba demasiado el área a controlar. Él la hallaba adorable y con un corazón inmenso, pero reconoció también que era como un hermoso cervatillo: muy lindo, pero difícil de mantener bajo control. A pesar de todo lo que disfrutaba observándola vivir con intensidad, empezó a aceptar que había sido un error comprarle la cámara.

Desde las diferentes calles adyacentes, la gente seguía pasando apresurada hacia la esquina para apoyar en el bloqueo; hombres, mujeres y niños, todos unidos como si fuese una actividad familiar. De repente se escucharon sirenas de vehículos policiales, luego disparos de armas de fuego y Brandon tuvo que acercarse a Emily nuevamente. En ese momento, ella enfocó su cámara hacia algunas personas que pasaban corriendo frente a ellos, pero esta vez en sentido contrario. Eran los niños y algunos adolescentes que quizá se metieron de curiosos al grupo de protesta. Emily dejó la cámara grabando y se volvió un instante hacia Brandon, como negándose a creer que la policía disparara nuevamente contra familias indefensas y frente a las cámaras de televisión.

—Deben ser balas de goma —dijo Brandon, agarrándola del brazo nuevamente. Luego se escucharon otras explosiones y se vieron varias bombas de humo estallando entre la multitud.

—Vámonos, Emily —dijo Brandon con más firmeza y empezó a jalarla del brazo.

—Estoy bien; déjame unos minutos —contestó ella y continuó grabando.

—No, Emily. Nosotros no estamos preparados para esto.

—Quiero hacer algo, Brandon —dijo ella como acusándolo de cobardía.

—Tú estás luchando a otro nivel, Emily. Yo creo que tu aporte es muy valioso —contestó él con paciencia y la agarró fuerte de la mano para asegurarse de que no se le perdiera. Cuando vieron a algunas personas pasar corriendo, tapándose la nariz, se dieron cuenta de que estaban escapando de los gases lacrimógenos. Hicieron lo mismo, corriendo poco más de media cuadra en una calle empinada. Eso bastó para que perdieran la respiración y sus corazones se les quisieran salir del pecho. Se detuvieron de inmediato y terminaron lado a lado, apoyados a una pared, tratando de recuperar la respiración. Inhalaban profundo en busca de oxígeno, pero empezaron a sentir un ardor en los ojos y en las fosas nasales. A Emily le faltó el aire, y la invadió el pánico. El viento les había traído los gases lacrimógenos y ella no tenía ni la más remota idea de cómo combatir sus efectos.

—¡Agáchate! —dijo Brandon, jalándola hacia abajo. Ella recién abrió los ojos y se percató de que todos a su alrededor estaban tirados al piso. Ya en el suelo gatearon hasta una puerta que Brandon golpeó en busca de alguna ayuda. Se abrió la puerta y ambos entraron en busca de aire puro. Las puertas se volvieron a cerrar a sus espaldas y en el interior de la casa, una cholita les puso paños con vinagre en la cara. Después de algunos minutos, escucharon que la gente empezó a pararse y a alejarse del lugar.

—No es nada... ya está pasando —dijo la cholita. Emily le agradeció con un abrazo y ambos salieron para seguir alejándose del lugar. Desafortunadamente tenían que seguir subiendo la empinada callejuela.

—Tenías razón; no estamos preparados para esto —dijo Emily, tratando de sonreír a pesar de la inflamación de sus ojos.

—Vamos —le contestó Brandon y la abrazó para ayudarla a caminar. No encontraba aún el modo de hacerle saber que admiraba la forma intensa en que ella se sentía conectada con la vida ajena, aunque esa vida incluyera tanto sufrimiento. No era que él fuese indiferente, pero ella parecía vivir con el alma más conectada a la corriente universal de la vida. Lo hacía además con toda seguridad, como si, de alguna manera, su instinto le indicara con claridad dónde era que en realidad radicaba la vida.

Caminaron en silencio por la empinada calle que parecía subir la ladera de una montaña. Estaban tratando de alejarse del gentío para poder encontrar un taxi, pero lo hacían, tratando al mismo tiempo de dar un rodeo que les permitiera regresar al hotel, ubicado en El Prado, al otro lado de los bloqueos. El silencio que frecuentemente compartían era un elemento importante para ambos. No necesitaban hablar para saber que estaban trabajando en lo mismo, hilvanando mentalmente en la historia de Diego lo que habían aprendido durante ese día sobre la realidad boliviana. Brandon concluyó que, para el pueblo norteamericano, era imposible entender a Bolivia sin conocer los secretos de su historia, más aún, si solo veían las noticias cocinadas por la derecha boliviana. En esas condiciones de desinformación, pues era lógico que allí la gente se manifestase en contra de las protestas como lo habían hecho los conservadores "Patriot4ever" y "LoveFreedom," durante las discusiones en el Internet que terminaron por implicar a Diego. "¿Qué mierda es lo que le pasa a esta gente?", era la pregunta lógica, porque allá nadie sabía que después de que las transnacionales petroleras se apoderaron del gas boliviano, le pagaban al país solo el 18% del valor de lo que extraían, porcentaje que además era calculado sobre un precio fijo a boca de pozo, que había sido establecido arbitrariamente a un nivel bajísimo en relación al precio internacional.

Eran las cuatro de la tarde en la sitiada ciudad de La

Paz. Brandon y Emily continuaban haciendo esfuerzos por subir la empinada callejuela. Sus cuerpos ardían bajo el sol, pero se enfriaban en segundos en la sombra. Brandon se sentía físicamente inadaptado para vivir en ese mundo al que Emily se sentía pertenecer. "Es cuestión de humanidad", pensó él porque se dio cuenta de que, físicamente, ella tampoco estaba aclimatada. Presumía de ser su guía por ser boliviana, pero era en realidad oriunda del oriente tropical y había estado solo una vez en La Paz, durante su juventud. La fatiga la agobió de pronto y se apoyó una vez más en la pared. Esa vez, sin embargo, se agarró el pecho y trató de respirar profundo para aliviar un poco su fatiga.

—Sí, descansemos un poco —dijo Brandon y se apoyó también en la pared.

—Mira eso —dijo Emily, tratando de sonreír. Se refería a dos niños que se acercaban corriendo ladera arriba. La altura, por supuesto, no les afectaba en lo más mínimo.

—Sí, es increíble —dijo Brandon, recordando que estaban a más de 3600 metros de altura sobre el nivel del mar y que el oxígeno en el aire era allí más escaso.

—Es cuestión de acostumbrarse —comentó ella, tratando de mantenerse positiva, pero Brandon también estaba haciendo esfuerzos por disimular su malestar.

Los dos niños llegaron frente a ellos, empujándose el uno al otro. Vendían refrescos en bolsitas de plástico anudadas, con una bombilla al centro.

—Cómpreme uno, señorita linda —le dijo la niña a Emily y esta, por supuesto, se llenó de ternura. La niña tendría unos seis años. Por calzado llevaba solo un par de abarcas y su vestido no le cubría sus piernas completamente. En el torso tenía una chompa roja, bastante vieja, a juzgar por los huecos en los codos y en los brazos.

—¿Qué es esto? —le preguntó Brandon, agarrando la bola que había al fondo de la bolsita de refresco.

—Mocochinchi, pues —dijeron los niños al unísono y se rieron.

—Es un durazno disecado que se hierve en agua de canela; le dan el color del ron con azúcar quemada —dijo Emily, tratando de explicarle a Brandon en pocas palabras lo que estaba a punto de probar. Ella también agarró uno y empezó a tomar de a poco. Brandon le pagó al niño por los dos refrescos y le dejó el cambio de propina.

Mientras los varones hacían el negocio, Emily se había quedado consternada con la niña. Se hincó para acariciarle la carita y acomodarle su cabello bien cimbado.

—¿Cómo te llamas?

—Ignacia —dijo la niña, sonriendo.

—¿Y tú, papito?

—Isidro.

—¿Son hermanos? —preguntó Emily y ambos niños asintieron con la cabeza. Luego, Isidro agarró a su hermana de la mano y la jaló, como despidiéndose de los turistas.

—Chao, mi amor, eres muy linda... y tú también —dijo Emily y les mandó un beso con la mano. Los niños se alejaron apresurados en busca de más clientes.

Emily se quedó visiblemente emocionada y Brandon trató de ser discreto cuando la vio secarse los ojos que se le habían vuelto a inflamar. Se imaginó que la infancia era quizá un periodo sensible en la vida de Emily. Ella, sin embargo, no hacía esfuerzo alguno por ocultar sus sentimientos. Lo miró con sentido de culpa y se le quebrantó la voz al hablar.

—Se me parte el alma —logró decir.

—Se ven felices, no te preocupes.

—Están trabajando a los 6 y 7 años de edad, Brandon... y lo hacen con alegría.

—Parece que ya aceptan eso como parte de su realidad.

—Pero no debería ser así, Brandon. Ellos podrían estar en la escuela si el país no fuera tan saqueado.

—Bueno esa es la injusticia social de la que habla el libro —dijo Brandon, apoyándola en su pecho.

—Lo siento —dijo ella, avergonzada, por haber expuesto su sensibilidad ante la frialdad y el materialismo de un norteamericano. Sin darse cuenta, ella también estaba reaccionando a los estereotipos que tanto criticaba. No sabía que esa parte de su naturaleza era la que más le había impresionado a Brandon.

—Eres un ángel —le dijo él y la abrazó. Luego empezaron a caminar, alejándose cada vez más de la zona de enfrentamientos.

—Aparte del negociado este para la exportación a Estados Unidos, ¿cuánto es lo que se llevan las transnacionales por el gas que Bolivia exporta a Brasil y a Argentina? —le preguntó para darle un nuevo tema de conversación. Sabía que ella había estado averiguando esos datos en el Internet.

—Del 70 al 82%; es lo mismo, no importa a quién lo vendan, y son esas empresas quienes cobran directamente en dólares. Se quedan con ese porcentaje y le dan el resto al gobierno.

—Eso es un crimen.

—La oposición dice que es un saqueo porque esos mercados siempre han sido bolivianos, desde mucho antes que esas transnacionales llegaran a apoderarse del negocio.

Brandon y Emily finalmente encontraron un taxi que los llevó de regreso al hotel. Le explicaron al taxista el malestar que tenían y él les dio de inmediato la receta.

—¿De dónde son ustedes?

—Venimos de la costa —dijo Brandon.

—Sorojchi es, pues... coquita, nomás, tomate y vas a estar bien.

—Y vos, ¿de dónde eres? —le preguntó a Emily, quizá porque notó algo familiar en ella.

—Yo soy boliviana.

—¿De Santa Cruz?

—Sí.

—¡Ah! igual, nomás... coquita, también tomate y ya está.

—¿Coca? —preguntó Brandon, levantando la ceja. En Estados Unidos, ellos le decían coca a la cocaína.

—Es un mate de las hojas —dijo ella y el chofer se rió.

—Claro, pues, joven. Matecito, nomás. Ahora, si quieres, la puedes masticar también. Te mata el hambre —dijo y le mostró la bolsita de hojas que tenía a su lado.

Al bajar del taxi, Brandon recién le preguntó a Emily algo que no había querido preguntarle en presencia del chofer—: ¿Eso era lo que tenía en la boca? —preguntó refiriéndose a la protuberancia que tenía el taxista en la mejilla derecha.

—¡Claro! Aquí la coca es parte de la vida —contestó

ella mientras se acercaban al mostrador del hotel a pedir la llave de la habitación.

—Aquí está lo que me pidió —le dijo a Emily el recepcionista y le entregó un sobre de Manila.

—Gracias —dijo ella y le dio una propina.

Al subir al ascensor abrió el sobre y encontró una revista especializada en política.

—Aquí están los términos —dijo y le mostró a Brandon el artículo que daba detalles del controversial contrato de exportación de gas a México y a Estados Unidos.

—¡Lo conseguiste! —dijo Brandon gratamente sorprendido y le dio una ojeada rápida.

—¿Lo comentamos durante la cena? —le preguntó luego y se lo devolvió, como implorándole que fuera ella quien lo leyera y le contara simplemente los datos importantes.

—Estoy muerta —dijo Emily al llegar a la habitación.

—Empecemos ahora mismo a tomar el té de coca —dijo Brandon al entrar y los ordenó por teléfono a la cafetería. Emily agarró algo de ropa y se metió directo a la ducha. Brandon se sentó a ver las noticias, pero, al darse cuenta de que eran todas repetitivas, decidió leer el artículo de la revista y ayudarle a Emily, resaltando las partes importantes.

Pacific LNG, era una corporación con domicilio legal en California y había firmado el contrato con tres transnacionales que hacían de vendedoras en Bolivia. Una de ellas era británica, otra española y la tercera estadounidense. Durante 20 años se exportarían a California y a México un total de más de seis trillones de metros cúbicos de gas boliviano. El ingreso para las transnacionales sería de mil trescientos setenta millones de dólares anuales, mientras que el gobierno boliviano recibiría aproximadamente cincuenta y cinco millones. Es decir que en los veinte años de duración del contrato, las transnacionales ganarían $27 400 000 000 (más de veintisiete mil millones de dólares); dicho de otra forma, por cada dólar que recibiera el pueblo boliviano con la venta de su gas, las transnacionales ganarían veinticuatro solo por comercializarlo.

Cuando Emily salió del baño, Brandon le contó sobre los términos del contrato y ella no lo podía creer.

—Mira —le dijo, mostrándole el documento en el cual él había resaltado las cifras y los porcentajes en color amarillo. Luego le tocó a él entrar a la ducha y Emily se sentó de inmediato a la computadora para insertar en el libro esa información sobre el contrato.

Al salir del baño, Brandon ordenó la cena para evitar salir al comedor. Luego se puso nuevamente a mirar las noticias.

—Siguen tergiversando la verdad —dijo en referencia al enfoque de las noticias. Solo mostraban imágenes de los bloqueos, enfrentamientos, informes médicos sobre los heridos y comentarios interesados de los diferentes sectores empresariales, los cuales se declaraban perjudicados por los bloqueos.

Finalmente habló un "experto", defendiendo a las transnacionales y Emily se paró del escritorio para acercarse al televisor. "Ese proyecto es vital para sacar al país de la pobreza. La gente no lo entiende y se deja influenciar por unos cuantos resentidos que se oponen simplemente porque son comunistas y odian a Estados Unidos…".

Emily giró hacia Brandon con la boca abierta.

—No lo puedo creer —dijo después, agarrándose la cabeza, como si fuese su mente la que no lograba entender la situación.

—Que no te extrañe tanto —le dijo Brandon y luego le hizo recordar que esa respuesta del "experto" era parte de una campaña propagandística muy bien planificada, difundida en estricta concordancia con la de Estados Unidos, donde el gobierno seguía insistiendo en la mentira de que a su país se le odiaba simplemente por lo que era: por su libertad, por su abundancia y por su democracia.

—Tienes razón; yo no había pensado en eso —dijo ella, un poco más calmada. Cuando la programación pasó a comerciales, levantó el contrato que tenía en la mano y resaltó en amarillo dos renglones más—. Te olvidaste de esto, al final —dijo y procedió a leer el párrafo.

El contrato preveía que debido a la distancia a ser recorrida por los barcos cisternas, a Bolivia se le impondría una reducción en el precio a boca de pozo, pagándosele solo $0,60 por millar de BTU, la medida internacional, mientras en Estados Unidos ese precio oscilaba ese año entre $4,70 y $7,00.

—Toda esta gente debería estar presa —comentó al final y ambos volvieron a ponerle atención al televisor.

Estaban informando sobre la proliferación de las movilizaciones en diferentes puntos del país. Evo Morales había logrado un pacto con los otros dos líderes indígenas y, juntos, estaban trabajando en la adhesión de más sectores en todo el país.

—Esto se agrava —dijo Brandon y Emily estuvo totalmente de acuerdo.

El conflicto se tornaba cada vez más violento porque el pueblo estaba enfurecido, volcándose a las calles ya no solo en el departamento de La Paz, sino también en otras regiones del país. Estaba a punto de iniciarse el desenlace del conflicto: renunciaba el Presidente, cediendo ante la presión del pueblo, o resistía, soltando a todo el ejército a las calles y desatando el río de sangre.

En ese momento sonó el teléfono privado de Brandon. Era Patrick Conrad, quien después de saludar y recibir un breve reporte de la situación, se permitió darle a Brandon su opinión personal sobre el dilema del Presidente sitiado.

—No va a ser fácil que renuncie, Brandon; tiene el apoyo de la derecha boliviana, de la Casa Blanca, del Fondo Monetario Internacional y del Banco Mundial .

—La lista de muertos va creciendo, Patrick. ¿Tú crees que vaya a soltar al resto de su ejército para desatar un infierno?

—Ellos dicen que con una acción decidida se puede sofocar el movimiento de protesta, pero no es eso lo que me preocupa. Se está empezando a barajar alternativas para mantener el poder aun en caso de que el Presidente se vea forzado a renunciar. De una cosa estoy seguro: la derecha no le va a dejar el poder a Evo Morales.

—¿De qué estamos hablando, Patrick?

—En Bolivia hay un sector que apoyaría un golpe de estado, pero no están dadas todas las condiciones. Parece que se le va a dar luz verde a la Operación Democracia.

—¿¡Operación Democracia!?

—Si la protesta sigue y el Presidente se ve obligado a renunciar, eso implicaría nuevas elecciones. Va a hacer como hizo Banzer al ser empujado fuera de su dictadura, ¿me entiendes? Para asegurarse de ganar, la derecha tendría que limpiar nuevamente el terreno.

—Creo que mi mente se está negando a entender lo que me dices.

—Brandon, ¿quieres que te lo deletree? OK, mira… Si en este conflicto cae el presidente democráticamente elegido y se convoca a nuevas elecciones, no van a permitir que Evo Morales quede vivo. ¿Me entiendes ahora?

Brandon recordó, de inmediato, la extraña muerte de Germán Busch, el asesinato de Gualberto Villarroel, el de JJ Torres y de Marcelo Quiroga Santa Cruz; todos formaron parte del conocido mecanismo de desmantelamiento físico de la izquierda, que le permitía a la derecha ganar elecciones.

—¿Estás seguro? —atinó a preguntar, porque le parecía imposible que eso se siguiera haciendo ya en el siglo XXI.

—Esa carta la pueden jugar en cualquier momento…, te lo aseguro. Ellos saben que si hubiese elecciones en este momento, Morales ganaría y revertiría todo lo que la derecha ha hecho en tantos años. Te aseguro que ante ese panorama, van a preferir matarlo. En ese caso, tú serás mi hombre ahí, Brandon.

—¡¿Sin apoyo alguno…?! ¡¿Estás loco, Patrick!? —dijo Brandon mientras abría el bolsón negro y tiraba sobre la cama su contenido: un rifle de francotirador que estaba desensamblado, una mira telescópica, un silenciador y una caja de balas calibre .50.

—¡Oh, carajo! ¿Y me mandas solo a esta mierda?

—Me tienes a mí, Brandon. Soy el mejor apoyo que puedas tener.

—¿¡Ah, sí!? ¿Vas a venir a defenderme cuando me metan un tiro en el culo?

—Mira lo que te he mandado —dijo Patrick con su habitual serenidad. Brandon caminó hacia su computadora que tenía encendida, ingresó al correo electrónico y encontró las fotografías de tres hombres con sus respectivos datos personales—. Creo que esos son los tres agentes asignados a la operación. Puedes ir avanzando en tu logística.

—¿No estás seguro?

—Los dos primeros son nuevos; fueron enviados ayer. ¿No te parece sospechoso? El tercero es el que radica en La Paz y conoce el terreno —dijo Patrick y cortó la llamada.

Recién en ese momento, Brandon se dio cuenta de que había perdido un poco los estribos y de que Emily estaba asustada.

—Lo siento, Emily.

—Está bien, yo entiendo —contestó ella y se acercó a la cama para ver lo que él había recibido en su computadora. Tenía curiosidad por ver a esos tres agentes especialistas en operaciones encubiertas. Cuando vio las fotografías se quedó estupefacta: los tres eran tan hispanos y tan mestizos como ella jamás se los hubiese imaginado.

—¿¡Son bolivianos!? —preguntó, sorprendida.

—No, siempre tienen que ser extranjeros para luego desaparecer sin dejar rastro. La mayoría de estos agentes son de Colombia, El Salvador, Honduras, Nicaragua y, por supuesto, del exilio cubano en Miami.

—¡Pero, ¿cómo los consiguen?!

—Por lo general son de países que en algún momento han tenido conflictos internos en los cuales la CIA ha intervenido, apoyando siempre a la derecha. Ahí los escogen, después los reclutan y los entrenan para operaciones en otros países donde nadie los conoce.

La imagen que Emily tenía de los agentes de la CIA era la de las películas: hombres altos, por lo general anglosajones, vestidos de traje oscuro con corbata y luciendo el distintivo corte de pelo al estilo militar.

—Esos son los del FBI, que no trabajan encubiertos.

—Esta gente puede pasar totalmente desapercibida en Bolivia.

—Y son letales, aunque tengan esas caritas de santos.

—¡Nunca me lo hubiese imaginado!

—Todos han sido guerrilleros, no te olvides, después entrenados y adoctrinados.

—¿Pero cómo se puede adoctrinar a alguien para asesinar gente inocente?, ¡por Dios!

—Fácil... son de derecha, no te olvides y fanáticos religiosos; ellos creen que matar a un comunista es hacerle un bien a la humanidad.

—¿Otra vez con la misma historia? Aquí nadie es comunista, Brandon.

—Si, yo sé que solo aspiran a ser socialistas democráticos, al estilo europeo, pero la derecha es poderosa e invierte millones en satanizarlos para justificar la intervención y el asesinato de sus líderes. Me acaba de decir Patrick que el nuevo rumor diseminado para meter miedo es que Cuba y Venezuela invadirían el país para hacerlo comunista.

—¿Sabes cómo sería el atentado a Evo Morales?

—Podría ser de muchas formas. Acuérdate que no todos los accidentes son, en realidad, accidentales ni todos los asesinatos durante robos, hechos por delincuentes comunes ni las muertes misteriosas, causadas por enfermedades raras. Esta gente tiene muchos recursos para matar. Te aseguro que el mundo seguiría andando y nadie se daría cuenta de que fue la Agencia. El problema es que ya no tienen tiempo para preparar un atentado de ese tipo.

—¿Y entonces?

—Sería al estilo del viejo método del Chacal —dijo Brandon y empezó a armar su rifle para verificar que estuviesen todos los componentes.

—Y ahora, ¿qué hacemos?

—Tú, nada. Preocúpate por terminar el libro e incluye este atentado.

Al día siguiente, Brandon alquiló un jeep con tracción en las cuatro ruedas y, guiado por su equipo de localización satelital, visitó los dos domicilios donde vivían los tres agentes encubiertos. Los dos nuevos estaban alojados en la misma casa. Eran quizá los que estaban de paso, que habían llegado exclusivamente para ejecutar la Operación Democracia. El otro, de nombre Santiago, vivía con su familia en otra casa del mismo barrio. Era, sin duda alguna, el enlace permanente en La Paz; un agente encubierto que estaba allí ya por algún tiempo, con algún trabajo fijo de parapeto mientras hacía secretamente el de inteligencia.

Brandon pasó frente a las casas y tomó fotografías no solo de los inmuebles, sino de los vehículos que encontró allí estacionados. Luego regresó al hotel para descansar un poco. Llegó a tiempo para ver en el televisor el mensaje con el cual el Presidente iba a responder a la acusación de que el negociado con el gas se había estado fraguando en forma secreta. Gonzalo Sánchez de Lozada trató de explicar lo que Bolivia no podía entender y lo hizo con su grueso acento inglés:

"Teneimous qui entendeir quei sei trataa dei un negoucio privarow. En esta tipo dei economía modirna, el gobiernow ya now tieney nara que ver. Estey es un negocio entrey empresas privaras. No... voy e renunscier..., pourque esto es uno conspiración inteornacional peira derrecarme mi gobierno", dijo y el resto fueron palabreríos sin sentido.

Esa noche cuando Emily se dispuso a acostarse, Brandon le dijo que él saldría después por algún tiempo, que ella no se preocupara.

—Te acompaño.

—No. Esta vez tengo que hacerlo solo, Recuerda, tú trabajo, a partir de ahora, es terminar el libro.

—Está bien —dijo Emily y se acurrucó en su cama, totalmente agotada.

Aproximadamente a las 2:20 de la mañana, Brandon agarró su bolso de mano y salió de la habitación sin encender las luces. Regresó a las casas de los agentes y logró poner, debajo de los vehículos, transmisores magnéticos para seguimiento a distancia. Luego regresó al hotel para dormir un poco.

Capítulo XIV
La luz al final del túnel

Brandon despertó como a las diez de la mañana. Se bañó y cuando estaba apenas terminando de vestirse, Emily lo llamó desde el dormitorio para que saliera a ver una noticia de último momento. Los reporteros de la prensa se habían aglomerado bajo las gradas del edificio del Congreso, de donde se había anunciado que saldría Evo Morales a hacer un anuncio importante. Cuando al fin salió, se le acercaron los periodistas, pidiéndole que respondiera a la explicación del Presidente de que su gobierno nada tenía que ver con la venta del gas. Todos los micrófonos se le acercaron. Evo levantó un documento con la mano derecha y les habló con seguridad:

"Aquí está la prueba; esta es la copia de una carta del Ministerio de Hacienda, donde este gobierno se compromete a hacer aprobar la venta del gas en el plazo máximo de un año y a comenzar a exportarlo en un plazo máximo de cuatro".

Los periodistas sacaron fotografías, recibieron copias

de la carta y esa fue la noticia del día. Morales había desmentido al Presidente, publicando una carta que hasta ese momento se había mantenido secreta. El pueblo se enardeció aún más y recrudeció sus medidas de protesta. Sánchez de Lozada, por su lado, declaró estado de sitio a nivel nacional y le volvió a ordenar al ejército que saliera a las calles a hacer cumplir la orden. Lo que Brandon y Emily vieron a partir de ese día se les quedaría por siempre grabado en sus memorias.

Los enfrentamientos se recrudecieron y muchos de los heridos no pudieron ser siquiera intervenidos quirúrgicamente porque los hospitales estaban desabastecidos. La lista de muertos se fue extendiendo día a día; esta incluía mujeres y menores de edad.

Para camuflarse y poder llegar hasta la zona de los enfrentamientos, un grupo de policías utilizó una ambulancia y eso alteró aún más al pueblo. Lo mismo habían hecho años antes las fuerzas paramilitares de Arce Gómez durante el asalto a la Central Obrera, en el cual mataron a Marcelo Quiroga Santa Cruz. Ese horrendo pasaje histórico permanecía imborrable en la memoria del pueblo y, por lo tanto, desde ese momento, a las ambulancias no se les dejó entrar a las zonas de enfrentamiento, lo que complicó aún más el rescate de las víctimas. Algunos heridos lograron ser transportados hacia los hospitales en vehículos particulares con trapos blancos improvisados a modo de banderas de paz.

Durante los dos días siguientes, Brandon estuvo siguiendo las actividades de los agentes asignados a la Operación Democracia. Estaba tratando de descubrir el plan que tenían para perpetrar su atentado sin dejar evidencia alguna de su participación. Los vio pasar varias veces por la casa de Morales y tener dificultades para poder entrar sin ser vistos. Emily, entre tanto, decidió salir sola a los lugares de enfrentamiento. Vio caer a un joven que recibió un impacto de bala en la cabeza. Vio también cómo lo arrastraron para sacarlo del alcance de las balas y lo subieron a una vagoneta particular, presumiblemente para llevarlo al hospital.

Esa noche, en el hotel, Emily se enteró por los noticieros, que varios menores habían muerto asfixiados por los gases lacrimógenos y que, según los reportes de los hospitales, hubo recién nacidos que murieron por falta de oxígeno, ya que la escasa provisión que se podía conseguir se utilizaba para operar a los adultos heridos.

Ante la masificación del bloqueo que el pueblo estaba haciendo sobre la ciudad de La Paz, las autoridades intentaron mantener el abastecimiento de gasolina, militarizando las plantas de almacenamiento en El Alto y escoltando a los camiones cisternas con tanquetas de guerra y fuerzas militares. Una de esas caravanas fue interceptada por el pueblo y se produjeron dramáticos enfrentamientos. Las fuerzas de seguridad se esforzaron por proteger los camiones, pero el pueblo se apoderó de uno de ellos y empezó a utilizar la gasolina para improvisar bombas molotov. En esas circunstancias, algo provocó el incendio del camión y se produjo el desastre. Hubo una gran cantidad de heridos con quemaduras en diferentes grados.

Entorno al Palacio de Gobierno, entretanto, el cerco se seguía estrechando poco a poco.

—Afuera, gringo cabrón —gritaban algunos de los líderes.

—Afueraaa —contestaba la masa al unísono.

—¡Qué viva Bolivia libre!

—¡Qué vivaaa!

—¡Afuera, yanqui ladrón!

—¡Afueraaa! —respondía la multitud.

Estaban tan cerca del Palacio que le gritaban ya al oído del Presidente, pero él solo oía el respaldo de su colega George W. Bush en la Casa Blanca, quien se lo ratificaba constantemente a través de su embajador en La Paz. Tenía además el apoyo del Fondo Monetario Internacional y del Banco Mundial, pero en Bolivia, su respaldo se desvanecía como vapor batido por el viento. A última hora hasta su vicepresidente se distanció de él y tuvo que empezar a darse cuenta de que el apoyo de Washington no le sería suficiente para tapar el sol con un dedo. Necesitaba el respaldo interno, por lo menos de algún sector de la sociedad.

Desde Santa Cruz, la capital económica de Bolivia, una organización empresarial manifestó su respaldo al Presidente y acusó de sedición al líder socialista Evo Morales. Eso produjo la reacción de los colonos oriundos del altiplano, asentados en las cercanías de Santa Cruz, que bloquearon la principal vía de acceso a la capital cruceña. Las fuerzas militares intervinieron para romper el bloqueo y otra vez se produjeron enfrentamientos. Ese sindicato de campesinos no era muy numeroso por lo que las fuerzas armadas lograron prevalecer. Hubo heridos y algunos muertos hasta que la tensión llegó a su límite cuando los campesinos cocaleros del Chapare anunciaron el inicio de su marcha masiva hacia Santa Cruz. Ahora, más que nunca, esa capital oriental era considerada el último reducto de la derecha boliviana. Allí, los agricultores cañeros se dispusieron a impedirles el ingreso a los marchistas, movilizando también a sus zafreros. El enfrentamiento se pronosticaba como una carnicería humana que desembocaría en una guerra civil.

Esa noche llegó Brandon al hotel con la noticia de que había seguido a los agentes encubiertos hasta las cercanías del Palacio de Gobierno, donde habían tomado posesión de una habitación, cerca de la Plaza Murillo, con vista a las escaleras del Congreso.

—¿Pero cómo puede ser posible que estén frente al Palacio?

—No, no. Es en realidad a una cuadra y media de la esquina del Congreso, hacia el Este. Si lo utilizan para algún atentado, van a tener que disparar de 150 metros de distancia, desde una ventana en el segundo piso. Emily se puso nerviosa y Brandon tampoco sabía exactamente lo que estaba sucediendo. Sin duda alguna, lo que sucedía en La Paz estaba, en gran medida, conectado a decisiones tomadas en Washington. Incluso el alejamiento del Vicepresidente podría haber sido ordenado desde allá para preservar su imagen ante el pueblo y hacer posible la sucesión en caso de que hubiera que sacrificar a Sánchez de Lozada. Mantener el poder era siempre más importante que defender a un presidente.

Esa noche llamó nuevamente Patrick Conrad y ayudó a Brandon a entender mejor la situación.

—No creo que al final de cuentas hagan el atentado —dijo, sorprendiendo a Brandon.

—¿Por qué se han apostado en las cercanías del Congreso entonces?

—Tú sabes cómo funciona esto, Brandon. Nunca se sabe cómo cambiarán las circunstancias y, por lo tanto, la Agencia tiene que tener listas todas sus opciones para cualquier eventualidad. El rifle lo tienes por si acaso se llega al peor de los casos, pero tienes también otras cartas que jugar.

—Volvamos a la opción del atentado, ¿por qué no crees que se realice?

—Porque el Departamento de Estado todavía puede solucionar el problema.

—¿Tienen una solución política?

—Así es. Mira, el Presidente ya está políticamente muerto, pero todavía no sale porque el embajador está asegurando la sucesión del vice. Si logra eso, pues termina el conflicto.

—Entregarían al Presidente, pero no el poder.

—Exacto.

—Yo no creo que eso funcione.

—Por eso es que todo sigue en el aire. Tienen que seguir avanzando los preparativos de todas las operaciones hasta ver cuál será la opción final, ¿me entiendes?

—¿Dijiste que yo tenía también otra carta que jugar?

—¡Claro! No te olvides de que la opinión pública influye no solo en las decisiones políticas, sino también en las militares y de inteligencia. Creo que ya es tiempo de soltar "la bomba" en el Internet, Incluso el secuestro de Diego, las causas y la intervención de la Agencia en Bolivia. Si Emily usa bien el Internet, quizá tú no tengas que utilizar tu rifle.

—OK, Patrick, gracias por llamar. Nos mantenemos en contacto —dijo Brandon al despedirse.

Había sido una buena conversación y se había quedado

más tranquilo. Ahora sabía que estaba en el camino co-
rrecto. Aunque no estuviese seguro de cuál sería el desenlace
del conflicto, tendría que continuar pacientemente con sus
preparativos de contrainteligencia. La misma incertidum-
bre tendrían quizá los agentes que trabajaban en la Operación Democracia para matar a los líderes de la oposición en
caso de que fuese necesario. No sabían si al final apretarían
el gatillo, pero estaban entrenados para desarrollar el plan
con la presunción de que esa sí sería la carta que tendrían
que jugarse.

Brandon tendría entonces que llegar al lugar donde había instalado su posición y esperar a que se desarrollaran los
acontecimientos. Desafortunadamente, no tenía autorización para entrar a la zona restringida por el callejón que el
ejército mantenía expedito para el ingreso de los vehículos
oficiales. Para poder penetrar el cerco, él tendría que hacerlo
por el lado opuesto; acercarse por detrás al cordón tendido
por el pueblo, atravesarlo por completo hasta llegar al frente, cruzar la llamada línea de fuego, llegar hasta la primera
línea del sector de los policías, hacerse pasar por periodista
y atravesar todo el grueso de sus filas hasta llegar al área
protegida en la Plaza Murillo.

Horas más tarde llamó Patrick nuevamente.

—Todavía no hay solución política y la marcha de los
indígenas del Chapare a Santa Cruz es inminente. Todo in-
dica que esto va a estallar en las siguientes 24 horas.

—¿Algún indicio concreto?

—El Departamento de Estado ya ordenó al personal de
la embajada que salga de inmediato del país y el Comando
Sur está mandando un avión con un pequeño contingente

militar para hacerse cargo de la evacuación esta misma noche.

—Eso quiere decir que temen represalias.

—Ya te digo. Mañana es el día.

Al día siguiente, Brandon tuvo que esperar hasta las 2 de la tarde por el equipo que había pedido. A las 2:15, sin embargo, estaba ya totalmente preparado. Llevaba puesto un chaleco de periodista, de esos que se usan en las zonas de combate, con la palabra "Prensa" escrita en letras grandes en la espalda. Tenía, además, su credencial y su cámara fotográfica colgadas al cuello. Cruzando en bandolera desde el hombro izquierdo llevaba el bolso de lona negra conteniendo sus armas; también llevaba un trípode en la mano izquierda.

—OK, nos vemos —le dijo a Emily, abriéndole los brazos. Ella se acercó y se dieron un abrazo.

—Cuídate —le dijo ella y le acomodó el cuello de la chaqueta que había quedado aprisionado bajo la correa del bolso.

—Si todo acaba esta noche, quisiera hablar contigo de algo personal —le dijo Brandon antes de salir.

—Te estaré esperando —logró decir ella antes de que la puerta se cerrara.

El plan era que se quedaría en el hotel para terminar el libro con las conclusiones que había aportado y las fotografías que había tomado. Lo pondría todo en forma electrónica en un solo paquete listo para enviar y esperaría a que él la llamara al teléfono celular, por si llegara el momento de enviarlo por correo electrónico. Al mismo tiempo, ingresaría al *chat room* que Diego frecuentaba para informarles a todos que Diego había sido secuestrado por la CIA por razones políticas; que, sin embargo, ella había obtenido la información que causó el conflicto y que, en el momento indicado, la iba a hacer pública; que hicieran circular la información en el Internet y que el mundo progresista se mantuviera en vigilia.

Como a las 3:00 de la tarde, Brandon estaba ya en la periferia del cerco a la Plaza Murillo por el lado noroeste. "Aquí empieza la batalla", pensó mientras se abría paso entre la gente. El rumor lejano del enfrentamiento al que estaba ya acostumbrado como espectador se fue convirtiendo rápidamente en pandemónium; los gritos de la gente protestando, los disparos de amedrentamiento que se escuchaban cada vez más cerca, los sonidos secos de los disparos de balas de goma y el rugir de la multitud cuando empujaba para ganar algunos metros de terreno. Tan grueso era el cerco que Brandon tuvo que caminar casi dos cuadras para acercarse a la primera línea.

Le faltaban unos cinco metros para llegar y por momentos lograba ver un espacio libre de aproximadamente treinta metros, que parecía un campo de batalla después del combate: piedras y palos por todos lados, personas arrastrándose hacia las aceras para protegerse y nubarrones de humo limitando la visibilidad. Por la cercanía con el Palacio de Gobierno, los uniformados no estaban usando gases lacrimógenos. Habían recurrido a las bombas de humo para utilizarlas como cortina protectora. La masa humana volvió a cargar moviéndose hacia delante como si fuese un solo cuerpo. Una joven mujer trastabilló al querer pasar junto a Brandon, quien no lograba aún acoplarse al ritmo de esa gente. La mujer había chocado con el bolso que él llevaba colgado. Había perdido el ritmo por unos segundos, pero la inercia de la multitud la empujó desde atrás. Después de trastabillar, en el intento de estabilizarse, cayó pesadamente contra el empedrado.

—Perdón —atinó a decir Brandon, temiendo que la mujer fuese pisoteada por la estampida. Antes de que él lograra reaccionar, alguien la levantó de un jalón y la marcha recuperó su ritmo. Avanzaba como si fuese una inmensa ola a la que era inútil resistirle eternamente.

Brandon se dio cuenta de que se necesitaba algo de ritmo para moverse al unísono con la masa, además de mucha práctica. En realidad era él quien necesitaba protegerse. Se acercó a la acera y se pegó como ventosa a un poste del alumbrado público. Agarró su bolso y se quedó allí para no ser arrastrado por la multitud.

Poco después sonaron disparos de diferentes tipos de armas y se escuchó rugir al bando de la policía, cargando en formación para recuperar el terreno perdido. La multitud empezó a retroceder y, cuando la cortina de humo se disipó, Brandon se dio cuenta de que se había quedado solo en medio de la línea de fuego y con los policías acercándose a veinte metros de distancia.

Entre varias bombas de humo un joven herido se revolcaba en el suelo, mientras otros trataban de alejarse, doblados de dolor o saltando en una pierna. Sin embargo, lo que más le impactó fue una mujer que, tirada en el suelo, temblaba ya con los estertores de la muerte. Sin duda alguna había sido impactada por un proyectil de arma letal.

—¡Periodista! —gritó Brandon levantando las manos y

haciéndoles señales a los policías—. ¡Periodista... soy periodista! —gritaba, agitando los brazos.

—Ven, pues, de una vez —contestó finalmente un policía y le extendió la mano para meterlo por entre los escudos de la primera línea al sector que ellos controlaban. Brandon se abrió paso entre las filas de uniformados y llegó finalmente a un claro desde el cual se veía ya la Plaza Murillo, desierta como un cementerio al amanecer.

—¿Qué haces, pues, aquí? —le preguntó uno de los guardias de la última línea.

—¿Cómo? —preguntó Brandon, sorprendido por la obviedad de la pregunta. En su forma de pensar, era periodista y estaba cubriendo el enfrentamiento. Lo que él no sabía era que había actuado en total contradicción con los procedimientos establecidos para los periodistas.

—¿Por qué por detrás, pues, si por delante podías entrar sin problemas? —insistió el guardia, a la espera de una respuesta lógica.

Brandon recordó entonces que los periodistas ingresaban con frecuencia hasta las escalerillas del Congreso o hasta las puertas del Palacio, pero lo hacían por la ruta que el ejército mantenía expedita para uso oficial. Él, por el contrario, había decidido entrar por detrás por dos motivos importantes: en primer lugar, su bolso lleno de armas no hubiese pasado la requisa de los militares y en segundo lugar, se hubiese quedado inmovilizado en el grupo de periodistas frente a las gradas del Congreso hasta ser descubierto como impostor por alguno de ellos.

—No vine para cubrir el Congreso, mi sargento. Quise hacer tomas de este otro lado de las acciones —dijo, halagando al policía al haber reconocido su grado.

—A ver, mostrame tu bolso —contestó el sargento, acercándose, como dispuesto a dejarlo pasar después de cumplir con su deber de revisarlo.

—Es mi material —dijo Brandon, abriendo el bolso. En efecto, sus armas estaban en el fondo, bien cubiertas por abundante material de periodismo: una batería de computadora, cables y rollos para la cámara. En ese momento escuchó rugir a la masa a sus espaldas y a los policías intensificar el fuego para no tener que retroceder.

—¿Qué pasa? —preguntó, volviéndose a mirar.

—Están presionando —dijo el sargento, tratando de mirar hacia la esquina del Congreso mientras metía la mano en el bolso de Brandon. Sintió cables, baterías y micrófonos, pero también una superficie dura.

—Es mi laptop —dijo Brandon y gracias a Dios no estaba mintiendo.

—Bueno, pasa, nomás —dijo finalmente el sargento y avanzó nuevamente para arengar a sus fuerzas—. ¡Aguanten, nomás! Ya no podemos perder más terreno —lo escuchó decir Brandon mientras cruzaba apresurado por la acera norte de la Plaza Murillo. Había entrado por la esquina noroeste y caminó apresurado hacia el nordeste, haciendo un rodeo por el lado opuesto del Palacio y el Congreso. Minutos después, llegó a la esquina del sureste desde donde quedaba, a pocos metros, el edificio escogido por los sicarios. Cruzó la esquina con naturalidad, caminó quince o veinte metros y encontró la dirección del edificio que buscaba. Sacó una llave que tenía ya preparada, abrió la puerta y entró al edificio. Después de cerrar la puerta a sus espaldas, cruzó el salón de un restaurante que había estado cerrado desde el inicio del cerco. Al llegar al patio interior, regresó hasta la esquina y subió por las escaleras hacia el segundo piso. Ingresó a una habitación en penumbras y se acercó cautelosamente a la única ventana que él mismo había dejado entreabierta. Miró en diagonal hacia media cuadra de la vereda de enfrente. Puso el trípode en posición e instaló allí su cámara fotográfica. Luego colocó la computadora en el suelo, la encendió y le conectó el cable de la cámara. Se puso el auricular y lo conectó al teléfono celular que tenía en uno de los bolsillos de su chaleco. Puso el ojo en el visor de la cámara y empezó a ajustar los lentes.

Segundos después vio al francotirador con el rifle ya en posición, apuntando hacia las gradas del Congreso, esperando quizá tener a su blanco en la mira y a recibir la orden de disparar. Brandon sacó su primera fotografía y después hizo un acercamiento hacia la cara del francotirador. El agente encubierto tenía también el mismo par de auriculares puesto a los oídos. Sin duda alguna estaba conectado al mismo tipo de teléfono indetectable, con servicio global, para mantenerse comunicado en todo momento y desde cualquier parte del mundo. Brandon siguió sacando fotos. En una de ellas captó al francotirador incorporándose y estirando sus músculos. En la siguiente foto parecía estar hablando con alguien. Su rifle lo tenía ya fijo en un trípode, apuntando hacia las gradas del Congreso.

Brandon se dio cuenta de que era el momento oportuno para llamar a Emily.

—¿Está todo listo? —le preguntó de inmediato.

—Ya casi —contestó ella, como disculpándose. En

realidad estaba haciendo dos cosas a la vez, porque estaba viendo las noticias—. ¡Acaba de renunciar el Presidente! El Congreso se va a reunir de inmediato para ver si se acepta la renuncia —dijo Emily emocionada, pero eso preocupó aún más a Brandon. Sin duda alguna, la administración republicana en la Casa Blanca estaba recibiendo un duro golpe al ser derrotada por un pueblo tan pobre como Bolivia, en lo que la comunidad internacional había calificado como el más novedoso campo de batalla contra el imperialismo. En ese mismo instante estarían quizá autorizando la Operación Democracia para impedir que Evo Morales tomara el poder. Sin duda alguna, la peor parte de la crisis estaba todavía por llegar.

—¿Ya se fue o es simplemente una maniobra para ser ratificado?

—Lo acaban de rescatar en helicóptero de la residencia presidencial; va con su familia y sus ministros.

—OK, Emily, si es que el Congreso no está en sesión en este momento, que es lo más probable, en cualquier momento van a empezar a llegar los congresistas, ¿me entiendes? Date prisa, por favor, envíame ese archivo.

Emily regresó recién a su computadora. No había aguantado la tentación y se había ido a mirar el televisor para describirle a Brandon lo que estaba sucediendo.

—OK, ya voy —dijo y se sentó nuevamente frente a su computadora. En ese momento alguien tocó la puerta en forma enérgica y ella se turbó completamente por el susto—.¿Quién es? —preguntó, alejando el teléfono de su oído, mientras Brandon le decía desesperadamente que le enviara el correo antes de abrir la puerta. No lo pudo escuchar porque su mente estaba ya agobiada por el problema que tenía detrás de aquella puerta.

—Soy de la administración, señora. Abra de inmediato, por favor —dijo la voz del empleado con el que ella había estado tratando desde que llegó al hotel.

"OK, tranquila... no hay problema", pensó Emily al acercarse a la puerta para espiar por el ojo de buey. En efecto era el empleado, pero había algo extraño en su semblante. Volvió a tocar con urgencia. Emily instintivamente cortó la llamada con Brandon y tiró el teléfono a la cama. Abrió la puerta y, al hacerlo, la habitación fue invadida por fuerzas de seguridad. Uno de ellos tenía en la mano el panfleto repartido por la CIA con el cual la habían estado buscando como si fuese parte de una peligrosa conspiración internacional para derrocar al Presidente.

—¡¿Emily?! —susurró Brandon en su escondite frente al edificio del francotirador. El silencio al otro extremo de la línea le dijo claramente que estaban en problemas.

—¡Carajo! —dijo y empezó a armar su rifle lo más rápido que pudo. Su plan original había sido evitar una matanza utilizando simplemente sus imágenes y el archivo que le enviaría Emily para obligar a Frank Nichols a detener su operación. Con la captura de Emily, sin embargo, lo más probable era que Frank recuperara también toda la información y, libre de presión, autorizara sin problema alguno la Operación Democracia. Eso significaba, muy probablemente, que la matanza sería inevitable. Brandon podría eliminar fácilmente al francotirador, pero no sabía, con exactitud, cuántos agentes participaban en ese momento en esa operación. Fácilmente podrían haber traído algunos más de los países vecinos.

Cuando terminó de armar su rifle, lo cargó con sus

balas calibre .50, le instaló su mira telescópica y lo puso en posición paralela a su cámara. Empezó a regular el lente y en pocos segundos tuvo al francotirador en el centro de la cruz que demarcaba su blanco. Era ya de noche, pero la iluminación de la calle y la alta tecnología de sus equipos le permitían ver con suficiente claridad.

El francotirador pareció recibir una orden y se acercó a su rifle para ponerse en posición. Brandon no podía creer que se hubiera llegado a la opción extrema. Entonces agarró su teléfono y apretó, en sus opciones pregrabadas, el botón que lo conectaría directamente con la línea de emergencia de Frank Nichols, el Jefe de Patrick en la central de Langley.

—¿Hello? —dijo Frank, sorprendido.

—Frank, ¿te gustan las imágenes?

—¿Brandon?

—No tenemos mucho tiempo, Frank, así que vamos al grano. Cancela la operación en Bolivia y aquí no pasó nada.

—¡Con quién mierda crees que estás hablando, pedazo de bestia! Yo sé dónde vives y dónde vive tu familia.

—Creo que deberías ver tu correo electrónico —dijo Brandon y hubo un silencio en la línea.

Brandon le había enviado cuatro de las fotografías que le había tomado al francotirador. La primera con luz diurna, la segunda al atardecer y dos con visión nocturna en la que aparecía ya el rifle de Brandon apuntando en esa dirección. Lo más impactante, sin embargo, era que la alta tecnología de las cámaras y los programas que usaba la Agencia proporcionaban pruebas contundentes. Por primera vez le tocó a Frank Nichols ser el condenado por esas pruebas.

En las fotografías del francotirador había también mucha información. En el ángulo inferior derecho decía la fecha y la hora, con minutos y segundos. En el lado izquierdo tenía toda la información adicional de la operación, que Brandon le había añadido: *"Central Intelligence Agency, Operation Democracy, La Paz, Bolivia"*.

—Tú estás completamente loco, Brandon. La Operación Democracia es para proteger al Presidente ante una conspiración internacional que está enfrentando.

—Los francotiradores del Presidente están en la azotea del Palacio y no son ustedes.

—Nosotros también, Brandon, protegemos además a nuestro embajador y a su personal que, en estos momentos de crisis, pues entran y salen frecuentemente del Palacio. ¿No te das cuenta de que estamos haciendo nuestro trabajo?

—¿Entonces no te molestaría que yo suelte esta información en el Internet? Hubo un largo silencio en la línea, que Brandon interpretó como algo positivo. Sin duda alguna, Frank Nichols había llegado a una encrucijada y analizaba en su mente el rumbo a tomar. Se escuchó nítidamente el apretado resuello que emitió al tener que tragarse su orgullo.

—¿Quién más sabe de esto? —preguntó Frank Nichols, con menos arrogancia.

—Solo mis contactos de seguridad, por el momento… tú sabes…, para en caso de que nos suceda algo.

—¿Qué quieres, Brandon?

—Ya me oíste, Frank; no me hagas perder el tiempo.

—Espera un momento, tengo otra llamada urgente

—dijo Frank. Un minuto después volvió a hablar; esta vez la soberbia estaba otra vez presente en la voz.

—¿Sabes que ya tenemos a Emily West con todos los documentos que buscábamos?

—¿Dónde la tienes? —preguntó Brandon, con la esperanza de que Frank estuviese mintiendo. Desafortunadamente le dijo el nombre del hotel, el número de la habitación y hasta le describió la ropa que Emily estaba vistiendo—. OK, Frank, entonces ahora podrás darte cuenta del enorme error que cometiste.

—¿De qué estás hablando?

—Cuando leas los documentos te darás cuenta de que no son secretos.

—Tenemos la confesión de Diego.

—Él no sabe de lo que está hablando. Son documentos desclasificados que otro investigador obtuvo siguiendo todos los procedimientos. No hay espionaje, no hay presunción de terrorismo. No hay delito alguno, Frank y tú lo sabes. Tus operaciones tienen fines políticos y nada más.

—No sabes lo que estás haciendo, Brandon. Esos indios no tienen el derecho de derrocar por la fuerza a un gobierno legítimo con el cual tenemos una alianza importante.

—Frank, son los pueblos quienes instauran a los gobiernos, pero es para que los protejan y los defiendan. Cuando, en cambio, los traicionan, el pueblo tiene todo el derecho de revocarles el mandato y sustituirlo por otro que sea más justo.

—¿Qué es eso? ¿Propaganda comunista?

—No, Frank, estaba parafraseando nuestra Declaración de Independencia.

Hubo un silencio y luego Brandon escuchó voces al otro extremo de la línea. Aparentemente Frank Nichols estaba consultando con su equipo de trabajo incluido, por supuesto, Patrick Conrad, el hombre que había iniciado secretamente la operación de contraespionaje. Frank informó que estaban revisando la información recuperada. Estaba a punto de reconocer su derrota, cuando recibió nuevamente una llamada telefónica desde La Paz.

—Te ves ridículo con ese chaleco de periodista —dijo Frank.

Brandon supo de inmediato que tenía al otro agente a sus espaldas y que no tenía más cartas que jugar. Estaba ahora en manos de lo que pudiera hacer su jefe, Patrick Conrad. Los siguientes segundos le parecieron eternos. Una vez más, la decisión se iba a tomar en Langley. En segundos, Brandon calculó sus posibilidades. Si lo mataban, tendrían que hacer lo mismo con Diego y Emily, lo cual agrandaría el problema para Frank, considerando que ellos habían enviado ya información para ser publicada en caso de que algo les sucediera.

—¿Qué pasaría con el libro? —preguntó Frank.

—Si preguntas mi opinión, yo creo que el pueblo norteamericano estaría interesado en conocer mejor esta historia. No creo que Diego quiera enterrarla.

—Entiendo eso, pero no necesita jodernos, de paso, a nosotros. Puede obviar nuestros nombres, ¿me entiendes?... y darnos un tiempo prudencial. Si aceptas, retiraré a los muchachos esta misma noche.

—¿Diego también saldría libre esta noche?

—Mañana, antes del medio día.

—Ah, una cosa más, Frank. Tú te encargas de que los sicarios dejen en paz, de una vez y por todas, a la familia del diputado Salazar y a Emily.

—Eso no está en mis manos; tú sabes que...

—¡Frank! —dijo Brandon, recordándole con quién estaba hablando. No podrían mentirse entre ellos.

—Está bien... yo me encargo. ¿Algo más? ¿Quieres que te mande flores o algo así?

—Buenas noches, Frank —dijo Brandon y cortó la llamada.

Antes de salir de su escondite puso el ojo una vez más en la mira telescópica de su rifle y esperó hasta ver al francotirador recibir la orden de retirada. Volvió apresurado a la cámara que tenía ensamblada en el trípode y tomó dos fotografías más: una del francotirador desarmando su rifle y otra cuando ingresó a la sala el segundo agente.

Él también empezó a desensamblar todo su equipo. Minutos después salió por donde había entrado y caminó con naturalidad hacia el edificio del Congreso. Se unió por algunos segundos al grupo de la prensa y logró escuchar los comentarios de que acababan de ingresar los líderes de la oposición. Estaban dando inicio a la sesión plenaria que pondría en consideración la renuncia del Presidente. Todos se quedaron allí esperando a que se generara la noticia, pero Brandon había terminado ya su misión. Se dirigió hacia el callejón resguardado por los militares y atravesó sin problemas el puesto de control porque no había revisión alguna a la salida.

Empezó a bajar las pocas cuadras que tenía que caminar hasta la alameda de El Prado y lo hizo con una especial alegría en el corazón. Llamó a Emily al teléfono celular y después de consolarla por el susto que había pasado, le explicó la naturaleza del acuerdo que había hecho con Frank Nichols. Ella sintió alivio porque hubiera terminado la persecución y alegría por la libertad de Diego, pero no pudo disimular su desilusión por haber perdido la posibilidad de denunciar también a la CIA.

—Quizá no es el momento, Emily, pero no te preocupes. Te aseguro que los demócratas van a recuperar el poder y van a desclasificar mucha información.

—Incluso lo nuestro.

—Por supuesto... y hablando de lo nuestro —dijo Brandon, un poco nervioso. Buscó en su mente las mejores palabras para abordar el tema personal del que quería hablar con Emily—. Hay algo que quería decirte —llegó a decir y en ese momento la vio venir a su encuentro con los brazos abiertos.

Al enterarse de que Brandon venía por el prado hacia el hotel, Emily había salido a su encuentro. Nunca supieron si fue la adrenalina que tenían todavía circulando en la sangre o el desborde natural del sentimiento que habían estado reprimiendo. Algo hubo allí que los impulsó a soltar las amarras de sus impulsos. Brandon la abrazó con fuerza y, después de hacerla girar en el aire varias veces, la apoyó contra la pared para no perder el equilibrio. Cuando por fin la tuvo inmovilizada, tomó un poco de aire, puso sus labios sobre los de ella, cerró los ojos y perdió por completo el sentido del tiempo. Empezó a entender que quizá en el amor a la boliviana no había mucho que explicar con las palabras, cuando todo lo habían dicho ya sus corazones.

Caminaron abrazados hacia el hotel. Tenían muchas cosas que hablar, pero ella empezó por contarle las noticias del día. Aparentemente, durante las últimas horas de su presidencia, el Presidente había estado reunido con el embajador de Estados Unidos en la residencia presidencial, analizando desesperadamente todas las posibles salidas al conflicto; que como a las cuatro de la tarde se reportó que el país estaba al borde de una guerra civil y que el cerco sobre el Presidente estaba ya a media cuadra del Palacio.

Era ya entrada la noche y El Prado parecía estar más iluminado que nunca. Se escucharon petardos y la gente daba rienda suelta a su algarabía.

—Parece como si la Selección Nacional de fútbol hubiera ganado el campeonato mundial —dijo Emily, buscando algún parámetro para medir el grado de la celebración. La gente se aglomeraba entorno a todo televisor que hubiera cerca; restaurantes, tiendas y hasta casas particulares sirvieron para que los transeúntes pudieran acercarse por unos minutos a ver la noticia. A Brandon y a Emily les tocó acercarse a una tienda y ponerse en puntillas para poder llegar a ver. Se estaba transmitiendo el desenlace del conflicto:

Repetimos, fuentes oficiales informaron que el presidente Gonzalo Sánchez de Lozada fue rescatado, al terminar la tarde, en un helicóptero desde la residencia presidencial para ser transportado con su familia y sus ministros al Aeropuerto Internacional de El Alto, el cual continúa siendo celosamente resguardado por las fuerzas del ejército. Se informó también que todos habían partido hacia Santa Cruz, donde esperarían con más tranquilidad el vuelo internacional de media noche a Miami, para continuar luego hacia Washington, donde el depuesto presidente tiene su residencia permanente. Repetimos, Gonzalo Sánchez de Lozada abandonó el país, dejándolo sumido en el caos y en la miseria. La lista de muertos alcanza a ochenta y tres y la de heridos a más de cuatrocientos. De último momento se nos informa que el Congreso ha aceptado su renuncia y que el Vicepresidente asumirá el cargo para terminar el mandato.

—¡Ahí está, pues… boliviano de mentira… vende patria, nomás, eres! —le gritó un viejo a la imagen del ex presidente en el televisor. Brandon por fin vio una sonrisa en esos rostros habitualmente sombríos.

—¡Viva Bolivia libre! —gritó una cholita.

—¡Qué vivaaa! —respondieron todos, incluso Brandon. Ya había aprendido el ritmo en que ese pueblo hacía escuchar su voz. Él tenía aún más razones para festejar. Sabía que además del avión del presidente depuesto estaba partiendo, esa misma noche, otro aún más importante, llevándose a todos los agentes encubiertos de la CIA.

Emily captó el momento, tomándoles una fotografía.

—¡Oh!, dame la tuya —le dijo a Brandon como si, de pronto, hubiese recordado algo importante. Él sacó la cámara de su bolso y se la entregó.

—Una más para la posteridad —dijo Emily. Sabía que la cámara marcaba en las fotos no solo la fecha sino también la hora, los minutos y los segundos. Tenía la sensación de que estaba viviendo los primeros momentos de una nueva vida.

FIN

www.ingramcontent.com/pod-product-compliance
Lightning Source LLC
Chambersburg PA
CBHW030257290526
45785CB00001B/118